国家社科基金项目资助（批准号：10BGL099）

# 中国消费者网络粘性及干预机制研究

薛君 赵青 著

中国社会科学出版社

# 图书在版编目(CIP)数据

中国消费者网络粘性及干预机制研究/薛君,赵青著.—北京：中国社会科学出版社,2015.6
ISBN 978-7-5161-6048-0

Ⅰ.①中… Ⅱ.①薛…②赵… Ⅲ.①网上购物—消费者行为论—研究—中国 Ⅳ.① F724.6

中国版本图书馆 CIP 数据核字(2015)第 085635 号

| | |
|---|---|
| 出 版 人 | 赵剑英 |
| 选题策划 | 刘 艳 |
| 责任编辑 | 刘 艳 |
| 责任校对 | 陈 晨 |
| 责任印制 | 戴 宽 |

| | | |
|---|---|---|
| 出 | 版 | 中国社会科学出版社 |
| 社 | 址 | 北京鼓楼西大街甲 158 号 |
| 邮 | 编 | 100720 |
| 网 | 址 | http://www.csspw.cn |
| 发 行 部 | | 010-84083685 |
| 门 市 部 | | 010-84029450 |
| 经 | 销 | 新华书店及其他书店 |

| | | |
|---|---|---|
| 印 | 刷 | 北京市大兴区新魏印刷厂 |
| 装 | 订 | 廊坊市广阳区广增装订厂 |
| 版 | 次 | 2015 年 6 月第 1 版 |
| 印 | 次 | 2015 年 6 月第 1 次印刷 |

| | | |
|---|---|---|
| 开 | 本 | 710×1000 1/16 |
| 印 | 张 | 11.75 |
| 插 | 页 | 2 |
| 字 | 数 | 213 千字 |
| 定 | 价 | 39.00 元 |

凡购买中国社会科学出版社图书,如有质量问题请与本社联系调换
电话:010-84083683
**版权所有 侵权必究**

# 序　言

近年来网络经济的快速发展带动了相关研究领域的繁荣,网络消费者行为研究即是其中较有代表性的一个研究分支。可以确定的是,网络经济的持续发展最终要由网络消费者推进,因此这一研究领域值得重视,其成果也受到越来越多的关注。

出于推进网络经济发展的需要,在网络消费者行为研究中,正向促进其行为发展的研究一直受到较多关注,但随着网络消费者数量的增大和年龄层次的不断扩展,消费者过度使用网络的问题也浮出水面。早在20世纪90年代,美国心理学家Young关于网络成瘾问题的系列研究就已指出这方面问题的严重性,而薛君等同志在国家社科基金支持下展开的网络粘性行为研究可以说是对该领域研究的一个延伸和发展。

网络粘性行为是介于正常使用和网络成瘾之间的一种过度使用网络的行为,生活中很多人在无意中已经成为具有这种行为特征的网络使用者。课题组针对这一行为特征展开的研究从研究视角而言既具有一定的创新性也有一定的现实意义。从研究方法上看,课题组为了展开上述问题的研究,运用了市场调研、结构方程模型、实验等方法,保证了研究成果的科学性和严谨性。就研究内容而言,课题组以持续使用理论为基础,对网络粘性行为演进过程进行了分析,厘清了网络粘性行为形成各阶段的影响因素,并在对现有网络应用行为测度指标进行分析的基础上,提出了针对中国网络消费者的网络粘性行为测评体系。该体系的提出解决了网络粘性行为的测评难题,可以有效帮助网络消费者认识自身在网络应用中是否存在问题。而基于前置影响因素和测评体系以及行为改变理论所提出的网络粘性行为干预机制设置,在目前相关领域的研究中也不多见。最终的研究成果解决了目前由于粘性行为评价标准欠缺而带来的干预难题;同时研究报告中所提出的粘性行为干预机制,既对网络消费者健康生活和网络经济的长远发展产

### <<< 序　言

生积极影响,又扩充了网络营销和电子商务中关于网络消费者行为的研究,从而丰富了网络经济学科研究的内容体系。

虽然取得了上述成绩,但由于该领域研究目前尚不多见,因此本书仍存在进一步改进之处,如本次研究所做的实验为干预机制的有效性研究,主要方法是根据行为改变理论,对消费者干预机制采纳前后的行为差异进行了分析。总的来讲,该实验设计稍显简单,今后可以考虑进行更加规范的行为学实验。又如在干预机制设计中设想开发的软件,本意通过3D等表现手法强化干预效果,但由于种种原因,该设想未能顺利实现,最终只是通过一款简单软件设计将其展现出来。后期如果条件具备,希望作者能够继续做这方面的探索。

总之,这是一个高水平的研究成果,故欣然作序,以飨读者。

教育部高等学校电子商务类专业教学指导委员会副主任委员
中国信息经济学会副理事长、电子商务专业委员会主任
西安交通大学经济与金融学院电子商务系教授

李琪 博士
2014/8/31

# 目　录

## 第一篇　研究基础篇

**第一章　导言** ………………………………………………………（3）
　第一节　研究背景和问题的提出 …………………………………（3）
　　一　网络经济快速发展,社会影响力日益显现………………（3）
　　二　网民规模持续增长,成为需要关注的社会群体……………（5）
　　三　网络消费者行为表现多样化,粘性行为特点日趋明显……（5）
　　四　消费者网络粘性行为研究严重不足,亟待加强……………（6）
　第二节　研究意义 …………………………………………………（7）
　第三节　研究内容与架构 …………………………………………（8）
　第四节　研究方法及技术路线 ……………………………………（10）

**第二章　网络粘性及相关概念界定** ………………………………（12）
　第一节　网络用户、网民与网络消费者 …………………………（12）
　　一　网络用户 …………………………………………………（12）
　　二　网民 ………………………………………………………（13）
　　三　网络消费者 ………………………………………………（14）
　　四　网络粘性 …………………………………………………（14）
　第二节　网络粘性及相关概念辨析 ………………………………（15）
　　一　网络粘性与客户忠诚 ……………………………………（15）
　　二　网络粘性与客户保持力 …………………………………（16）
　　三　网络粘性与持续使用意向 ………………………………（16）
　　四　网络粘性与网络成瘾 ……………………………………（17）

# 第三章　国内外相关研究综述 (18)

## 第一节　网络粘性及相关研究综述 (18)
一　网站视角的网络粘性研究 (18)
二　用户视角的网络粘性研究 (19)
三　网络粘性的测量维度 (21)
四　国内外消费者网络粘性研究文献述评 (26)

## 第二节　消费者网络粘性形成机理研究综述 (27)
一　消费者网络粘性影响因素综述 (27)
二　消费者网络粘性形成机理综述 (33)
三　国内外消费者网络粘性形成机理研究文献述评 (39)

## 第三节　消费者网络粘性干预机制研究综述 (39)
一　网络成瘾干预研究 (40)
二　行为改变技术及HBM模型 (42)
三　消费者网络粘性干预机制研究文献述评 (44)

# 第二篇　测评体系及形成机理篇

# 第四章　消费者网络粘性概念构建 (47)

## 第一节　消费者网络粘性的概念界定 (47)

## 第二节　消费者网络粘性的测量维度 (48)
一　测量维度的研究基础 (48)
二　测量项目编制和样本搜集 (51)
三　探索性因子分析 (56)
四　验证性因子分析 (57)
五　测量维度权重的确定 (61)
六　测量标准的确定 (62)

## 第三节　消费者网络粘性状况测评实例 (64)

## 第四节　本章小结 (67)

# 第五章　消费者网络粘性形成机理分析 (68)

## 第一节　研究设计 (68)

## 目录

第二节 消费者网络粘性形成过程分析 …………………………（69）
 一 初始采纳阶段——持续使用阶段 …………………………（71）
 二 持续使用阶段——行为分化阶段 …………………………（71）
 三 行为分化阶段——粘性形成阶段 …………………………（72）
第三节 消费者网络粘性影响因素分析 …………………………（73）
第四节 消费者网络粘性形成机理实证验证 …………………………（78）
 一 变量度量 …………………………（79）
 二 探索性和验证性因子分析 …………………………（79）
 三 结构方程模型检验 …………………………（87）
 四 人口统计变量及调节变量的影响分析 …………………………（92）
 五 研究结果讨论 …………………………（94）

## 第三篇 比较分析篇

### 第六章 不同国家和地区网络应用现状及粘性行为分析 …………………………（99）

第一节 美国网络应用现状及粘性行为分析 …………………………（99）
 一 美国互联网发展现状及网民特征 …………………………（99）
 二 美国网络用户网络应用现状 …………………………（100）
 三 美国网络用户网络粘性行为特征 …………………………（103）
 四 中美网络用户粘性行为表现差异分析 …………………………（103）
第二节 南非网络应用现状及粘性行为分析 …………………………（106）
 一 南非用户网络应用现状 …………………………（106）
 二 南非网络用户粘性行为现状及特征 …………………………（107）
 三 中国与南非网络用户粘性行为特征的比较分析 …………………………（109）
第三节 韩国网络应用现状及粘性行为分析 …………………………（109）
 一 韩国网络应用现状 …………………………（109）
 二 韩国网络用户粘性行为特征 …………………………（110）
 三 中韩网络用户粘性行为比较分析 …………………………（111）
第四节 欧洲网络应用现状及粘性行为分析 …………………………（112）
 一 欧洲网络应用现状 …………………………（112）
 二 欧洲网络用户粘性行为特征 …………………………（114）
 三 中欧网络用户粘性行为比较分析 …………………………（115）

第五节　网络粘性行为共同特征和差异性比较分析 …………（116）
  一　不同国家和地区网络用户粘性行为的共同特征 ……（116）
  二　不同国家和地区网络用户粘性行为的差异性分析 ……（116）

## 第四篇　干预机制篇

**第七章　我国消费者网络粘性行为干预机制构建** ……………（121）
 第一节　干预机制设置的基本问题 ……………………………（121）
  一　干预对象 …………………………………………………（121）
  二　设置目的 …………………………………………………（122）
  三　构建思路 …………………………………………………（122）
  四　构成要素 …………………………………………………（123）
 第二节　干预机制主体内容解析 ………………………………（124）
  一　基于前置影响因素的粘性行为干预措施选择 …………（124）
  二　基于 HBM 模型的粘性行为干预措施选择 ……………（126）
  三　干预阶段和干预措施选择 ………………………………（127）
  四　预期干预结果 ……………………………………………（128）
 第三节　干预软件开发思路及内容说明 ………………………（129）
  一　网络粘性行为干预软件开发思路 ………………………（129）
  二　网络粘性行为干预软件的基本内容 ……………………（129）

**第八章　我国消费者网络粘性行为干预机制有效性研究** ……（131）
 第一节　研究方法 ………………………………………………（131）
 第二节　实验介绍 ………………………………………………（132）
  一　实验目的 …………………………………………………（132）
  二　实验变量 …………………………………………………（133）
  三　实验假设 …………………………………………………（133）
 第三节　实验设计 ………………………………………………（133）
  一　问卷设计 …………………………………………………（133）
  二　被试者的选择 ……………………………………………（134）
  三　营造实验环境 ……………………………………………（135）
 第四节　实验阶段 ………………………………………………（135）

一　第一阶段：准备阶段 ……………………………………（135）
　　　二　第二阶段：干预阶段 ……………………………………（137）
　　第五节　实验过程数据分析 ……………………………………（137）
　　　一　粘性人群人口统计分布描述 …………………………（137）
　　　二　干预前后粘性表现对比分析 …………………………（138）
　　第六节　实验结论 ………………………………………………（141）

## 第九章　结论与研究展望 ……………………………………（142）
　　第一节　主要结论 ………………………………………………（142）
　　第二节　研究展望 ………………………………………………（145）

## 参考文献 ……………………………………………………………（147）

附　　录

附录1　调查问卷 ……………………………………………………（165）
附录2　实验问卷 ……………………………………………………（168）
附表3　人口变量粘性特征表 ………………………………………（171）
附表4　聚类结果特征分析表 ………………………………………（174）

## 后记 …………………………………………………………………（179）

# 第一篇　研究基础篇

# 第一章　导言

## 第一节　研究背景和问题的提出

**一　网络经济快速发展，社会影响力日益显现**

互联网自问世以来，已迅速成为大众信息传播与交流的重要手段，它深刻地改变了人们的生活，极大地促进了政治、经济、文化和社会的发展。随着信息技术的应用范围不断扩展，越来越多的人开始接触和使用互联网。时至今日，互联网已成为许多普通民众日常生活中一个不可或缺的组成部分。

近十余年来，我国网络经济发展迅猛，开始影响社会经济发展和人们生活的方方面面。国家工业和信息化部副部长尚冰在2012年中国互联网大会的主旨报告中指出，当前，互联网已演变为社会生产的新工具、经济贸易的新途径、科技创新的新平台、公共服务的新手段、文化传播的新载体、民意表达的新媒介、生活娱乐的新空间，且在带动传统产业转型升级、推动和促进社会经济发展、改善人民生活质量、增强国家综合竞争力等方面发挥着越来越突出的作用。

互联网发展对我国经济增长已起到了越来越重要的作用。据艾瑞咨询统计，我国的网络经济市场规模不断扩大（如图1-1所示），在GDP中所占比例不断提高（如图1-2所示），已成为拉动我国经济增长的一支重要力量。

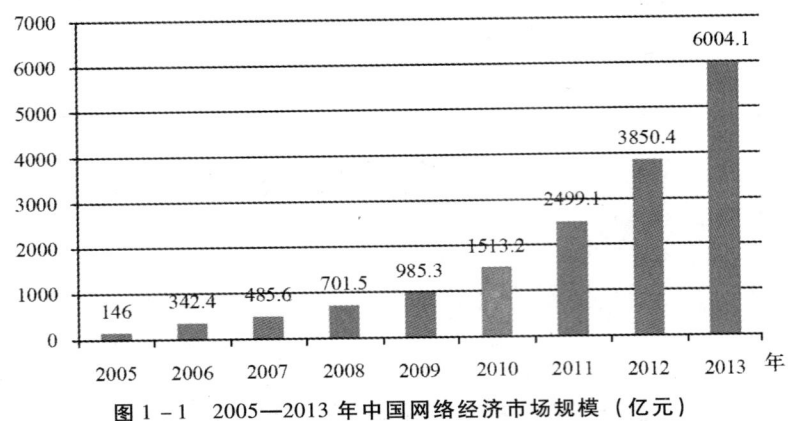

图 1-1  2005—2013 年中国网络经济市场规模（亿元）

数据来源：艾瑞咨询网（http://report.iresearch.cn/2119.html）。

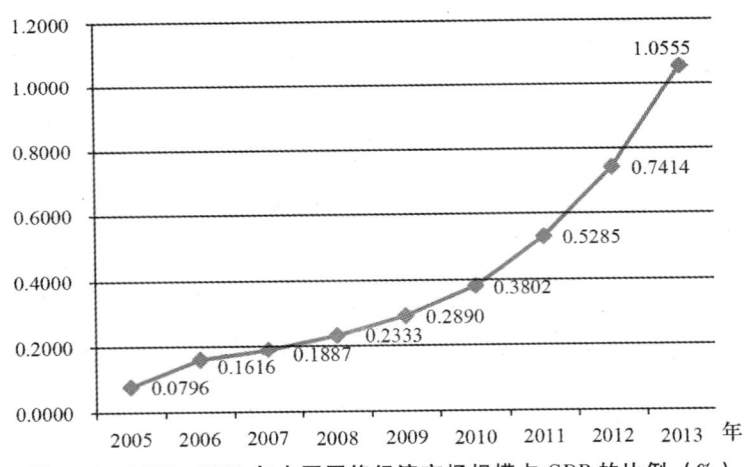

图 1-2  2005—2013 年中国网络经济市场规模占 GDP 的比例（%）

数据来源：中国统计年鉴和艾瑞咨询网。

除对社会经济发展的影响外，近年来互联网对传统生活方式的影响也日渐显著，它不仅将人们置于一个信息获取最为便捷的时代，而且也使人类的业余活动变得空前丰富多彩，越来越多的人正参与其中并享受着网络带来的轻松与快乐：网络购物使传统购物模式发生着变革；网络视频通话等新的沟通方式使面对面的沟通正在为多样化沟通模式所冲击；通过网络获取资讯已经成为一种具有时代标记的普遍行为，从而使传统的信息和娱乐媒体（报纸、收音机、电视等）逐步"被逼"上网。可是，不得不承认的是，任何事物都有两面性，互联网给人类的生活、工作带来了前所未有的便捷，但也使很多人对互联网的依赖感逐渐变得强烈，甚至沉溺其中。这种依赖感增强到一定的程度，计算机和互联网就会蜕变为"异己物"，对人的生活方式、心理行为产生深刻影响。

总之，网络给人们生活带来的改变和冲击越来越大，以至于我们一时很难以好坏来界定其影响。但毫无疑问的是，直至今日，网络对人们生活的变革和影响一刻也没有停止，而且这种改变正在以滴水穿石之势颠覆着我们传统的生活方式。

## 二 网民规模持续增长，成为需要关注的社会群体

根据第三十三次互联网络发展状况统计报告，目前我国网民（CNNIC对网民的定义为平均每周使用互联网至少1小时的6周岁以上中国公民）人数已达6.18亿，互联网普及率为45.8%。此外，随着移动互联网的发展和移动终端设备价格的不断下降，下一阶段中国互联网将会在受教育程度较低的人群以及发展相对落后地区的居民中更为广泛地普及。通过对网民结构特征的分析，研究者发现随着网民的年龄段、职业、学历涵盖范围日益扩大，其从事的网络应用活动也呈现出多样性特点，除即时通信、搜索引擎、网络音乐等广为接受的网络应用外，网络银行、网上支付、团购、旅行预订、移动即时通信等新兴的网络应用使用率也在不断增长，其中网络支付2013年的使用率比2012年增长了17.9%，使用率提升至42.1%。此外，网络在渗透网民生活的同时，对社会发展的影响也从网民群体之间的相互影响扩展到了对整个社会发展各个层面的影响：从宏观视角看，互联网技术水平已经成为影响一个国家经济发展水平和未来发展趋势的重要因素，并使各国的文化趋同趋势得到了前所未有的发展；从微观角度看，网络对社会生活带来的巨大变化和对网民认知的影响不能忽视。因此，如果重视国家未来的发展，就不能忽视网民群体。

## 三 网络消费者行为表现多样化，粘性行为特点日趋明显

2013年，我国网民平均每周上网时间为25.0小时，相比上一年增加了4.5小时，为近年来增长之最；与2010年相比，每周上网时间增加了6.7小时；与2002年相比，每周上网时间增加了17.1小时，如图1-3所示。

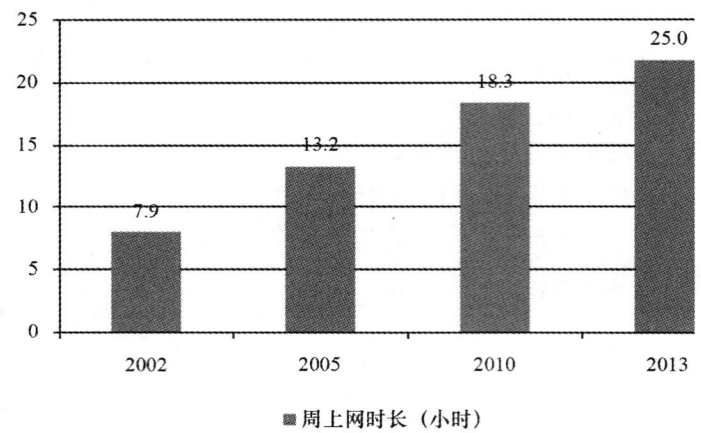

图1-3 中国网民平均每周上网时间分布图

数据来源：中国互联网络发展状况统计报告。

可以预见，未来随着网络接入方式的多样化和便利化趋势的加强，网民在信息获取、工作娱乐、交流沟通和生活消费等方面对网络的依赖性将日益增强。按照中国青少年网络协会发布的"2011年中国网络青少年网瘾调查数据报告"，在我国的青少年网民中，13.2%属网瘾群体，网瘾倾向比例达13%，而这个数字还不包括成年人中所包含的网瘾群体，更不包括在不同的网络应用行为中沉溺的网民群体。我们看到，虽然现在有很多研究者非常关注网络消费者行为研究，其研究结论涉及网络消费者行为的方方面面，但是几乎所有有关网络消费者行为的研究都将重点放在了如何使消费者更加粘附于网络以及加大购物和上网力度上，而在有意或无意之间忽略了过度粘附于网络给消费者心理和社会生活带来的负面影响。我们认为，恰恰是这种负面影响将对互联网经济的长远健康发展带来重要影响。目前全球网民人数已达20亿，因此了解互联网为什么吸引用户并使如此之多的人口粘附于网络这一问题应当成为目前互联网研究者关注的重点问题。

### 四 消费者网络粘性行为研究严重不足，亟待加强

在网络应用行为的研究中，通常按照使用程度将用户分为三种类型，即正常使用群体、成瘾群体和介于两者之间的危险群体。与成瘾群体相

比，危险群体很少被研究机构和学者作为关注的重点，但是，根据我们的调查和观测，对大部分网络使用者而言，对其正常生活造成影响的不是成瘾，而是过度粘附于网络，这种过度粘附于网络的人群形成了目前使用互联网的主力群体。该群体人数众多，对网络应用的深入和依赖性强，应用形式多样，差异化大。其在行为表现上，或表现为对一种或多种网络应用的不断重复，或表现为沉迷于网络而不能自拔，直至发展为网络成瘾。

因此，对这部分群体的关注和研究将对网络经济持续健康发展，引导互联网用户形成健康科学的网络生活方式起到积极作用。目前的理论和研究对此类群体关注不够，研究重点大多局限在成瘾群体，而且研究的主要对象为青少年网络用户，研究的网络应用类型也仅仅局限于网络游戏。这一研究状况已不能适应我国网络用户快速发展的现实需要，也与我国网络普及率快速提高、网民人数急剧扩张、网络应用行为日趋多元化的网络发展水平不相适应。因此，对普遍存在于网民群体的粘性行为进行研究十分必要。这将为清晰地把握互联网用户粘性行为产生机理，有针对性地控制网民网络粘性行为，倡导并促成健康科学的网络使用习惯，维护健康的网络发展环境，促进网络经济可持续发展发挥重要作用。

## 第二节 研究意义

粘性与网络和消费者行为的结合不过十余年，但是这十余年恰好是网络经济快速发展的时段，网络生活已成为越来越多消费者日常生活的一个组成部分，且这部分生活对其整个生活方式的影响也越来越大。很多研究者都意识到了网络消费者行为研究的重要性，并开始关注网络经济发展对整个社会经济和消费者生活可能造成的影响。粘性研究视角在 2010 年以来得到重视就是一个例证。

粘性对于消费者保持力的重要促进作用已经得到了诸多研究者的证实。而我们认为，仅仅从这一角度研究网络粘性是远远不够的。客观地讲，网络粘性是一把双刃剑，既可以促进网络交易的扩张，也可能由于损害了消费者的长远利益而导致整个网络经济发展受阻。可以设想，假如企业为了扩大交易量而一味增加网络粘性产品和服务，导致更多的消费者（尤其是自制力较差的青少年群体）沉迷于网络而不能自拔，从而使消费者心理和行为出现异常，将对整个社会经济发展产生何等严重的影响！因此，研究网络粘性是防范该种情况出现的有益途径。而要实现这一目标，对网络粘性的深入认识和在正确认识基础上对其进行客观评价以及实施干预举措将是一个有现实意义的课题。因此，本课题所研究的消费者网络粘性行为测评体系，将解决目前由于测度标准欠缺而带来的粘性行为干预难题；同时基于测评体系提出的粘性行为干预机制，将对网络经济的健康发展产生积极影响，也可以为企业开展电子商务活动，制定网络营销策略提供理论借鉴和实践指导。

此外，本课题的研究还将扩充网络营销和电子商务中关于网络消费者行为的研究，从而丰富网络经济学科研究的内容体系。

## 第三节 研究内容与架构

研究内容的设计遵从发现现实问题、寻求理论支撑、设计解决方案、提出解决方法的研究思路，并按照这一思路将研究内容细化为四大模块，主要研究内容包含在以下篇章中。

第一篇：研究基础篇。包括第一章、第二章和第三章的内容。

网络环境下粘性问题的提出是网络经济迅猛发展的结果，但遗憾的是，目前有关网络粘性的内涵和应用研究仍处于起步阶段，相关研究成果大致可以分为网络粘性的概念、驱动因素、测度指标及作用分析。本研究在第一篇中，分析了网络粘性的研究背景，提出了研究问题，同时明确了研究意义，陈述了研究内容及结构安排，并对网络粘性及相关概念进行了界定，对其研究的理论基础进行了全面回顾。

第一章介绍了本课题的研究背景和研究意义、研究内容与架构、研究方法及技术路线。

第二章主要对本研究涉及的相关概念进行了界定。首先，区分了网络用户、网民和网络消费者的概念，明确了本书的研究对象为中国网络消费者；其次，提出了本研究的网络粘性及网络粘性行为概念，并在此基础上区分了网络粘性与客户忠诚、客户保持力、持续使用意向特别是网络成瘾等相类似的概念。

第三章对国内外相关研究进行了总结回顾。首先，总结了网站视角和用户视角的网络粘性研究，并对现有的网络粘性测量维度进行了归纳；其次，从网络粘性影响因素、网络粘性形成机理的理论基础方面对现有的研究成果进行了归纳总结，为进一步的网络粘性研究奠定了理论基础；最后，从网络成瘾干预研究、行为改变技术两个方面展开了对消费者网络粘性干预机制研究的文献总结，并对现有的研究成果进行了评述。

第二篇：测评体系及形成机理篇。包括第四章和第五章的内容。

本篇在对现有研究成果进行总结的基础上，首先对消费者网络粘性进行了概念构建，进而从行为表现和心理认知两个方面出发，构建了网络粘性的测量维度并进行了实证检验。在此基础上，以持续使用理论为基础对网络粘性的形成机理进行了翔实的分析，按照网络粘性形成的不同阶段分析了影响网络粘性形成的因素，构建了网络粘性形成机理概念模型并进行了实证检验。

第四章为消费者网络粘性概念构建。该章首先在前期文献研究的基础上提出了网络粘性的概念，指出消费者网络粘性是一种重复、持续使用网络产品和服务且伴随一定心理依赖的行为特征。在此基础上提出了包含行为表现和心理认知两个维度的网络粘性测量指标，并对其进行了实证检验，最终确定了包含十一个题项和四个测量维度的网络粘性测评指标体系。

第五章是消费者网络粘性形成机理分析。本章以信息系统采纳和持续使用理论为分析基础，对消费者网络粘性的形成过程进行了分析，提出了网络粘性行为的影响因素，构建了网络粘性形成机理的概念模型，并在数据分析的基础上对模型进行了假设检验和拟合优度检验，提出了模型变量分析的基本结论并对研究结果进行了总结讨论。

第三篇：比较分析篇。包括第六章的内容。

比较研究是学术研究中常用的一种研究方法，对不同国家和地区的网络应用现状及粘性行为进行比较分析，将有助于我们对网络粘性有更加全面和准确的理解。

第六章是不同国家和地区网络应用现状及粘性行为分析。本研究选取了处于不同地理区域和网络经济发展程度差异性表现相对明显的四个国家和地区，设想通过对这四个国家和地区消费者网络应用现状和网络粘性行为表现的分析，厘清地理区域造成的文化差异和网络普及率不同对人们网络粘性行为的影响。

第四篇：干预机制篇。包括第七章、第八章和第九章的内容。

消费者网络粘性行为干预机制的建立是本课题研究的终极目标，也是课题研究的现实意义所在。基于测度体系和测评指标所建立的干预机制以网络成瘾干预方法、行为改变理论以及健康行为模型为基础，按照划分不同干预阶段—实施不同干预措施—对干预结果进行分类分析的逻辑演进过程，分别在所划分的三个不同阶段，对网络消费者提出了干预措施，并对干预结果进行了深入分析，从而建立了完整的粘性行为干预机制内容。

第七章是我国消费者网络粘性行为干预机制构建。本章在对网络粘性行为干预对象进行界定的基础上，提出了干预机制的设置目的和构建思路，构建了我国消费者网络粘性行为干预机制模型，并对干预机制的构成要素和主体内容进行了解析。在此基础上，分别分析了高粘度群体和低粘度群体的前置影响因素，对不同干预阶段的措施选择和干预结果进行了解析。之后，为了强化干预机制的可操作性，我们设想开发一个网络粘性干预软件，并对干预软件的开发思路和主要内容进行了介绍。

第八章是我国消费者网络粘性行为干预机制有效性研究。本章采用实验分析方法进行研究。课题组将基于干预机制创建的干预软件发放给前期收集的粘性样本，征得其同意后在其个人电脑上运行干预软件，经过一段时间的软件干预，我们再次发放了调查问卷，通过比较使用干预软件前后粘性程度的变化，对干预机制的有效性进行了分析。

第九章是本课题的结论与研究展望，本章对本研究的主要结论和创新点进行了归纳总结，并探讨了后期尚需深入研究的问题。

## 第四节　研究方法及技术路线

本课题采取的研究方法主要包括文献归纳法、理论分析法、实证研究方法和实验研究法。其中文献归纳法主要用于基础理论的文献综述部分，从资料收集、整理入手，对文献涉及的相关问题进行初步分类、归纳，并在跟踪新的研究成果的基础上完成文献综述；理论分析法主要通过借鉴相关学科（社会心理学、消费者行为学、电子商务理论、社会网络理论等）的理论基础和研究方法对所研究的问题进行理论解析；实验研究法主要通过对比实验对象的表现并对实验数据进行分析来实现研究目的；实证研究法是在相关理论研究的基础上建立结构方程模型，而后根据模型问题设计问卷、采集数据、进行数据分析，最终得出结论，达到研究目的。在本课题的研究过程中，主要遵循实证研究与规范研究相结合、定性研究与定量研究相结合的原则,力求提高研究结论的科学性和准确性。本研究采用的技术路线,如图1-4所示。

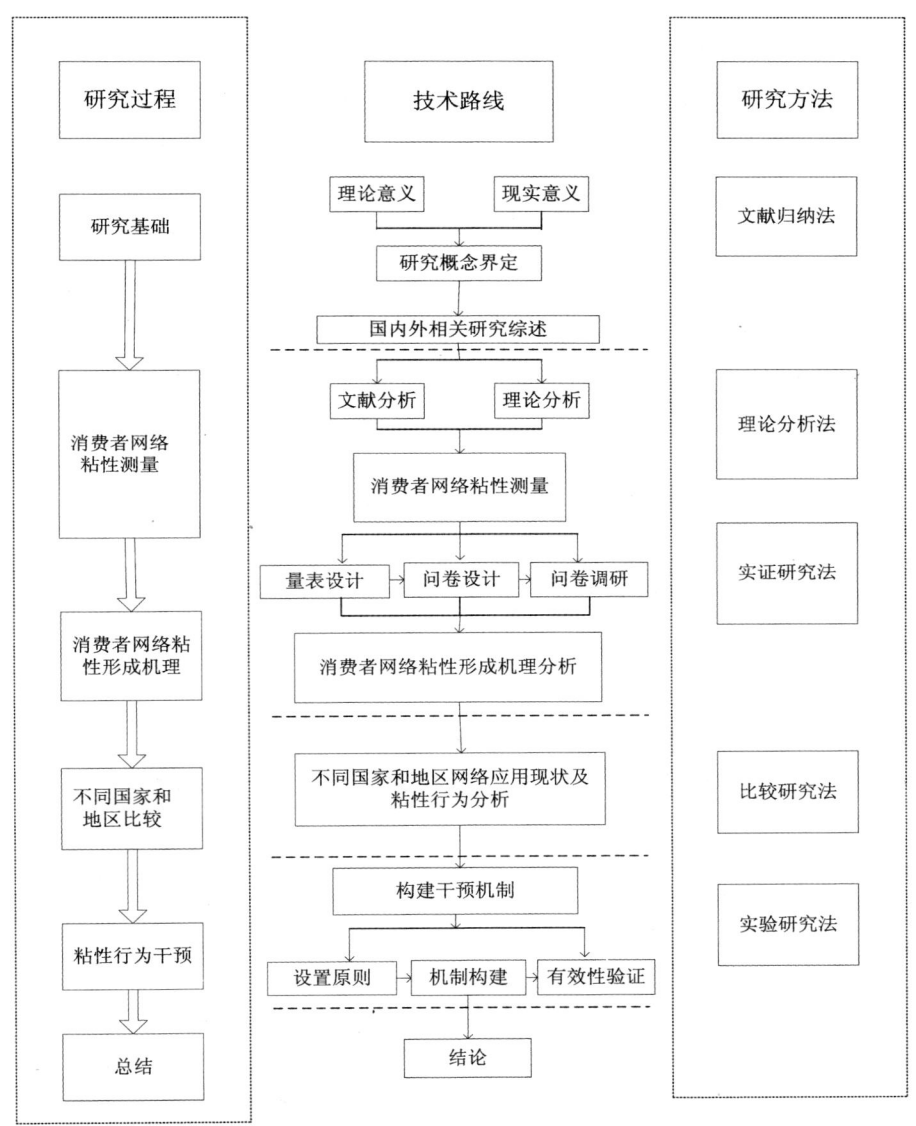

图1-4 技术路线和研究方法图

# 第二章 网络粘性及相关概念界定

## 第一节 网络用户、网民与网络消费者

### 一 网络用户

网络用户，顾名思义就是网络使用者（Internet User）。相对于网民和网络消费者，网络用户是一个更宽泛的概念。我国学者王京山等（2002）从用户与网络传播、网络服务的关系，网络行为方式等方面进行界定，认为网络用户是网络信息的接收者，也是网络服务的接受者，是通过互联网获取和交流信息的个人。张莲等（2003）持同样的观点，认为网络用户就是指在各项实践活动中利用互联网获取和交流信息的个人和由个人组成的客观人群，网络用户的本质是使用互联网的个人。

网络用户覆盖面极广，涵盖社会各阶层人员，其知识结构层次存在巨大差异，上网行为特征也各有不同。基于不同的研究目的，网络用户在不同的维度下可以被划分为不同的类型：如运用人口变量，可以将网络用户按照年龄、收入、受教育程度、职业、地理区域等进行划分，或者根据研究需要综合使用几个变量进行划分；从网络使用行为角度，可以将网络用户按照上网目的、应用行为类型、上网时长、活跃程度等进行划分；从网络产品和服务角度可以将网络用户划分为初级用户、普通用户和高级用户等；除此之外，也可以根据研究需要，从网络用户心理的角度，按照用户对上网经历的感知、对网站服务的感知等来划分网络用户。

总之，网络用户是针对所有网络使用者的一个称呼，它没有什么特定限制，任何个人和群体一旦接入并使用互联网都可称为网络用户。

## 二 网民

网民（Netizen）一词源于英语，是豪本（Hauben，1996）所造。此混成词源于"互联网"（Internet）和"市民"（Citizen）。豪本认为人们理解的"网民"其实有两个概念层次，一是泛指任何一位网络使用者，而不管其使用意向和目的如何；二是指特定的对广大网络社会（或环境）具有强烈关怀意识，而愿意与其他具有相同网络关怀意识的使用者一起共同合作，以集体努力的方式建构一个对大家都有好处的网络社会的一群网络使用者。

随着互联网的广泛应用，不同的调查机构对网民概念的界定越来越具体。互联网实验室在《中国城市居民互联网应用研究报告》中将网民定义为：最近一个月内平均每周使用互联网 1 次及以上的城市居民，非网民为最近一个月内平均每周使用互联网 1 次以下或不使用互联网的城市居民。中国互联网信息中心（CNNIC）在《中国互联网发展状况统计报告》中对网民的定义为：过去半年内使用过互联网的 6 周岁及以上中国居民。按照接入设备的不同，可以分为手机网民和电脑网民。手机网民是指过去半年通过手机接入并使用互联网，但不限于仅通过手机接入互联网的网民；电脑网民是指过去半年通过电脑接入并使用互联网，但不限于仅通过电脑接入互联网的网民。按照地域的不同又可划分为农村网民和城镇网民。农村网民是指过去半年主要居住在我国农村地区的网民；城镇网民是指过去半年主要居住在我国城镇地区的网民。而美国国际数据公司（IDC）对网民的定义为有账号、有保障上网时间的人。

除以上从使用时间、使用频率、地域范围、人群类别等直观的角度来定义网民外，也有一些学者另辟蹊径，如我国学者郑傲（2008）在研究网民的自我意识时，就认为网民是指那些网络活动符合我国网络使用管理条例和相关法律法规的、合理合法地进行网络活动的群体或个人。通俗地说，就是在合法的基础上自觉地视其网络活动是重要的社会活动或生活内容并自觉地花费时间、精力或金钱等物质或非物质利益于各种网络活动中的网络"居民"。

由上述定义可以看出，网民是用来描述网络使用群体的专门词汇，从其词源上讲，它的含义与网络用户有重合之处，都指将互联网作为活动平台的群体。但在使用过程中，并非所有的网络使用者都可以被称为网民，网民通常只是特指那些具备一定特征与特质的网络使用者。我们很容易在很多研究报告里看到，只有满足研究者界定的使用时间、使用频率、年龄、地域范围、活动特征和一定行为效果的网络用户才可以被称为网民。从这一意义上讲，网络用户的界定更为宽泛，而网民受其统计口径的限制，往往只是特指网络用户的某一部分。

### 三 网络消费者

随着互联网的发展，越来越多的网络用户通过互联网进行消费，成为网络消费者群体中的一员。有关网络消费和网络消费者的研究在现有的文献中时有所见。网络消费也称在线消费，按照我国学者何明升（2002）在《网络消费：理论模型与行为分析》一书中的定义，网络消费是人们借助互联网来实现其自身需要的满足过程。这个概念包括三方面的含义：第一，网络消费是借助互联网而实现的；第二，网络消费以满足自身消费为目的；第三，网络消费是一个动态过程。韩小红在（2008）其主编的《网络消费者行为》一书中，从广义和狭义两个方面描述了网络消费。从广义角度，网络消费是人们借助网络而实现其自身需要的满足过程，是包括网络教育、在线影视、网络游戏在内的所有消费形式的总和；从狭义角度，网络消费指消费者通过互联网购买商品的行为和过程，消费者和商家凭借互联网进行产品和服务的购买与销售，是传统商务交易的电子化和网络化。

网络消费者的概念和网络消费有关，因此在网络消费概念的基础上，一些学者对网络消费者进行了界定。韩小红在网络消费概念的基础上，将网络消费者定义为以网络为工具，通过互联网在电子商务市场中进行消费和购物活动的消费者人群。王海萍（2009）定义网络消费者为从事在线业务，即在线浏览、搜索或交易的消费者，其中既包含具有购买意向的消费者，即潜在消费者，也包含具有购买行为的消费者，即现实消费者。因此，本研究认为：从狭义角度，网络消费者是指在网上进行消费和购物活动的消费者人群；从广义角度，所有从事在线浏览、搜索或交易活动的网络用户都可被称作网络消费者。

### 四 网络粘性

生物学及化学学科中，粘性（stickiness）通常是指不易受影响而改变自身性质的特征,如蜘蛛网的粘性、胶状物的粘性等。经济学中的粘性概念经常被用于解释成本粘性、工资粘性、价格粘性以及利率粘性等现象,主要是指这些经济变量不随供求、价格等因素变动而及时调整和变动的特性。

在网络营销和电子商务领域中,粘性是一个新术语,它结合了网络特性与网络消费者的特征。总体看来,目前大部分学者都是从网站视角和用户视角对粘性概念进行界定的,粘性的概念也因此被划分为网站粘性和用户粘性两大类别。但是,无论对网络粘性的界定出自何种视角,事实上都指向了消费者对在线产品和服务的重复、持续使用,且伴随一定心理依赖的行为特征,其在程度上介于正常使用和网络成瘾之间。它对消费者的损害程度虽不及网络成瘾,但在使用时间和负面心理影响方面也已超过正常使用的范畴。因此,虽然粘性消费者因为有可能转化为忠诚客户而受到网络企业的肯定和欢迎,但从网络经济长远、可持续发展的角度而言,网络粘性仍是一种需谨慎对待的行为特征。

## 第二节 网络粘性及相关概念辨析

### 一 网络粘性与客户忠诚

自20世纪70年代起,客户忠诚(Customer Loyalty)研究就成为西方管理理论研究的新热点。从理论上追溯,客户忠诚概念是从品牌忠诚概念延伸而来,随着市场营销中产品导向向客户导向的转变,品牌忠诚研究的立足点也试图从传统的产品或厂商导向向客户导向转变。

客户忠诚是指客户对企业的产品或服务的依恋或爱慕的感情,它主要通过客户的情感忠诚、行为忠诚和意识忠诚表现出来。其中情感忠诚表现为客户对企业的理念、行为和视觉形象的高度认同和满意;行为忠诚表现为客户对企业产品和服务的重复购买行为;意识忠诚则表现为客户做出的对企业产品和服务的未来消费意向(奥利弗(Oliver,1999))。在营销实践中,客户忠诚描述的是客户购买行为的持续性,它是指客户对企业产品或服务的依赖和认可、坚持长期购买和使用该企业产品或服务所表现出的在思想和情感上的一种高度信任和忠诚的程度,是客户对企业产品在长期竞争中所表现出的优势的综合评价。

从二者的概念来看，网络粘性和客户忠诚有相似之处。涅姆佐夫（Nemzow，1999）就曾提出使用传统营销中的粘性概念来衡量和培养消费者忠诚，以此防止消费者的转移行为。尚卡尔（Shankar，2003）提出粘性就是客户忠诚和客户满意。刘蓓等（2011）指出粘性是访问者的忠诚度。但是，尽管在内涵上有相似之处，两者之间的差异也是明显存在的。有研究者指出，网络客户忠诚是消费者基于在网站重复购买的一种对于网站的良好态度，其显著特征是以消费者的重复购买行为为基础而形成的（Srinivasan，2002）；而粘性强调的是消费者对于网站的重复访问（Xu，2010），这种访问并不一定伴随购买行为。在心理依赖方面，表现出忠诚特点的用户也会对企业产品和服务产生依赖，但这种依赖主要表现在用户对产品和服务有需求前提下对于提供需求满足一方的选择过程，同时这种依赖主要来源于消费者对企业和产品的信任感及在使用产品和服务过程中感受到的有用性、满意度和性价比等，而粘性用户的依赖感则更多来源于其对产品和服务的一种过度痴迷，是导致粘性用户与网络之间保持无节制接触状态的根本原因。在网络环境下，粘性往往与品牌忠诚、用户满意感以及个性化相关（Holland et al.，2001）。

## 二 网络粘性与客户保持力

哈利法（Khalifa，2007）认为所谓客户保持力（Customer Retention）和网络粘性是同一个概念，因此他指出保持力和粘性都是指网站保持消费者在长时间内不断返回的一种无形能力。但是，也有一些学者提出了不同意见，他们认为网站保持力通常表示的是消费者花在浏览和点击上的平均时间长度（Nemzow，1999）。一般而言，消费者保持力通常是指与消费者之间保持长期的交易关系，它更关注的是通过建立与消费者之间的长期交易关系而实现交易成本的降低。网站视角的粘性与客户保持力有一定的相似之处，而本研究中的用户视角粘性行为分析，关注的是粘性行为本身给消费者身心带来的变化和影响，对其行为和交易达成之间的关系并不会给予特殊关注。

## 三 网络粘性与持续使用意向

有研究者认为，粘性与持续使用意向（Continuance Intention）属于同一概念，因此他们在研究中，将粘性与持续使用意向作为同义词进行替换。杨冠淳等（2009）在有关促进虚拟社区用户粘性的实证研究中，提出粘性以用户持续参与虚拟社区的意向来衡量，因此他在模型中直接使用持续使用意向这一变量来衡量用户对虚拟社区的粘性。而李（Li，2006）在从消费者视角对粘性进行界定时，明确指出粘性与持续使用意向是相似的概念，可以交替使用。除上述研究者之外，从用户视角对网络粘性的界定大多指出网络粘性可以用持续使用意向来衡量。因此，虽然网站视角的网络粘性界定指出网络粘性是网站的一种能力表现，与持续使用意向的内涵并不完全吻合，但用户视角的持续使用意向则可以被认为与网络粘性的概念基本相同。

**四 网络粘性与网络成瘾**

与网络粘性相比，网络成瘾得到的关注更早、更多。1996年，杨（Young）在美国心理学年会上提出，参照病理性赌博的定义，可以将网络成瘾（Internet Addiction）界定为没有任何成瘾物质参与其中的一种行为失控。之后的1998年，杨进一步提出了病态网络使用（Problematic Internet Use，PIU）这个概念，更倾向于将之归为一种冲动控制障碍。在杨之后，病理性网络使用（Pathological Internet Use，PIU）等定义不断被提出，对于这种不当网络使用行为的测度指标也从不同方面在不断完善。结合上述对于网络粘性的界定和认识，本研究认为，网络成瘾和网络粘性是一对相互关联同时又存在差异的概念，其主要区别和联系体现在以下三方面。

（一）程度上的差异：与网络成瘾一样，网络粘性也是一种对互联网的过度使用行为，都超过了正常的网络使用时间和频率等，并对使用者的生活造成了一定影响，只是网络成瘾者对网络的心理依赖程度更加严重，而网络粘性虽然也伴随一定的心理依赖，但其影响主要表现在消费者行为方式的改变。

（二）控制手段的不同：粘性可以通过自身和外界干扰控制住，但是网络成瘾很难通过自身控制消除，同时会引起很严重的心理及身体反应，因此一般建议采用包括心理和医学等多重方式并行的方法进行干预。

（三）行为后果的差异：网络成瘾是完全负面的，而网络粘性除具有一定的负面效应外，还有可能产生一定的正面效应，如粘性客户有可能转化为忠诚客户。

# 第三章 国内外相关研究综述

## 第一节 网络粘性及相关研究综述

### 一 网站视角的网络粘性研究

在网站视角的网络粘性研究中,部分研究者从网站角度进行探讨,提出粘性是公司的一种属性,或网站的一种能力,称作网站粘性(Website Stickiness)。这一研究视角在网络企业中受到较多肯定和应用,如粘性在网络游戏设计和推广、论坛与网络交流平台设计中都被广泛使用。哈洛韦尔(Hallowell, 1996)从三个维度来定义粘性,即用户花费在一个特定网站上的时间;用户最终真正购物占所浏览物品的比例;用户返回网站重购的比例。吉莱斯皮(Gillespie, 1996)定义网络粘性是一种鼓励用户停留更长时间、访问更深并经常返回的能力。和这一概念相似,斯蒂芬斯(Bedoe-Stephens, 1999)把粘性定义为留住用户及促使用户进一步使用网站的能力。涅姆佐夫(Nemzow, 1999)界定粘性是一种阻止客户向竞争对手转换的竞争优势,并提出短期粘性可以通过对品牌资产和客户关系管理获得,长期粘性需要经过在较长的时间内形成财务壁垒阻止客户转移。另外,布什(Bush, 1999)认为粘性是以提供独特的内容、特别指明的服务给垂直的市场机会为基础的。早特(Zott, 2000)指出粘性是网站吸引和保留客户的能力。达文波特(Davenport, 2000)认为粘性是用于描述网站吸引与保留访问者的能力。霍兰(Holland, 2001)认为粘性是网站所有质量的总和,它促使访问者留在该网站而不是去其他的网站,粘性增加会对忠诚产生影响。罗斯(Rosen, 2001)提出粘性对网络编辑者来说就是目标网站的属性,使人们更多次返回。哈利法等(Khalifa,

2002）提出粘性是网站具有的一种无形的能力，使网络消费者在长时期内不断重复访问和进行购买活动。沃尔特（Walter，2007）认为粘性就是客户的保留，目的是使其重复访问网站。林（Lin，2007）在一篇关于购物粘性的研究中将粘性与重复购买意向相结合，提出粘性可以被定义为网站能够保留在线客户、延长其每次停留持续时间的能力。徐等（Xu et al.，2010）提出粘性是网站吸引和保留客户的能力。

## 二 用户视角的网络粘性研究

除上述研究者外，还有部分学者从用户视角出发界定网络粘性。这部分学者主要是从网络成瘾、网络忠诚视角出发，研究的是用户的行为。宾利（Bentley，1997）首次从用户视角提出网络粘性的概念，认为粘性是指使用者离开网络的难度。基于奥利弗（Oliver，1999）客户忠诚的含义，李（Li，2006）从用户角度提出网络粘性和持续使用的概念类似，指出粘性是一种维持访问者在长时期内多次返回的无形能力。斯里尼瓦桑等（Srinivasan et al.，2002）把粘性定义为客户由于对网站满意而产生的重复购买行为。尚卡尔等（Shankar et al.，2003）也认为粘性就是客户忠诚和客户满意。而克法瑞斯（Koufaris，2004）则提出粘性源于信任。杨冠淳（2009）在促进用户参与虚拟社区活动的研究中，将粘性看作是用户持续参与虚拟社区的意向。王海萍（2009）认为粘性是基于访问者对网站的认知与情感，在面临转换压力或其他因素影响时不改变习惯，持续访问并使用其偏好的网站的性质。赵国洪（2009）在研究政府农业信息网站绩效时，提出用户粘性度表示用户因网站能提供满足自己需求的服务而经常地访问，并认为网络已经进入用户粘性阶段，增加用户粘性是决胜互联网的一大关键。徐等（Xu et al.，2010）提出相比忠诚这种重复购买行为而言，粘性行为更强调的是一种重复访问。卢等（Lu et al.，2010）从消费者视角出发，在一篇博客粘性的研究文章中，运用了李（Li，2006）粘性行为的概念，将博客粘性行为为花费在博客上的时间和在博客上的停留时间。吴等（Wu et al.，2010）则将游戏与消费者意向相结合，提出游戏粘性是游戏玩家反复回来并延长在线游戏每次持续时间的一种意向。刘蓓（2011）则从网站视角和用户视角两方面来定义粘性，认为粘性既是网站的一种属性，也是访问者的忠诚度。

有关粘性定义及分类的研究结果见表3-1。

表 3-1　　　　　　　　　　　粘性定义分类

| 网站视角 | |
|---|---|
| 研究者 | 观点 |
| 哈洛韦尔（Hallowell，1996） | 从三个维度来定义粘性，即用户花费在一个特定网站上的时间；用户最终真正的购物占到所浏览物品的比例；用户返回网站重购的比例 |
| 吉莱斯皮等（Gillespie et al., 1999） | 粘性是一种鼓励用户停留更长时间，访问更深，并经常返回的能力 |
| 涅姆佐夫（Nemzow，1999） | 粘性是一种阻止客户向竞争对手转换的竞争优势，并提出短期粘性可以通过如品牌资产和客户关系管理等获得，长期粘性需要经过在较长的时间内形成财务壁垒阻止客户转移 |
| 斯蒂芬斯（Bedoe-Stephens，1999） | 粘性是留住用户及促使用户进一步使用网站的能力 |
| 布什（Bush，1999） | 粘性是以提供独特的内容、特别指明的服务给垂直的市场机会为基础的 |
| 早特等（Zott et al., 2000） | 粘性是网站吸引和保留客户的能力 |
| 达文波特等（Davenport et al., 2000） | 粘性是描述网站吸引与保留访问者的能力 |
| 霍兰等（Holland et al., 2001） | 粘性是网站所有质量的总和，它促使访问者留在该网站而不是去其他的网站，粘性增加会对忠诚产生影响 |
| 罗斯（Rosen，2001） | 粘性对网络编辑者来说就是目标网站的属性，使人们更多次返回 |
| 哈利法等（Khalifa et al., 2002） | 粘性是网站具有的一种无形的能力，使网络消费者在长时期内不断重复访问和进行购买活动 |
| 沃尔特（Walter，2007） | 粘性就是客户的保留，使其重复访问网站 |
| 林等（Lin et al., 2007） | 粘性是网站能够保留在线客户、延长其每次停留持续时间的能力 |
| 用户视角 | |
| 研究者 | 观点 |
| 宾利（Bentley，1997） | 粘性是指使用者离开网络的难度 |
| 斯里尼瓦桑等（Srinivasan et al., 2002） | 粘性是客户对网站的满意的态度而产生的在网站的重复购买行为 |
| 尚卡尔等（Shankar et al., 2003） | 粘性就是客户忠诚和客户满意 |
| 克法瑞斯等（Koufaris et al., 2004） | 粘性源于信任 |
| 李等（Li et al., 2006） | 网络粘性和持续使用的概念类似，基于 Oliver（1980）的客户忠诚的含义，粘性是一种维持访问者在长时期内多次返回的无形能力 |
| 杨冠淳等（2009） | 粘性是用户持续参与虚拟社区的意向 |

续表

| 研究者 | 观点 |
| --- | --- |
| 王海萍（2009） | 粘性是基于访问者对网站的认知与情感，在面临转换压力或其他因素影响时不改变习惯，持续访问与使用其偏好的网站的性质 |
| 赵国洪（2009） | 用户粘性度表示用户因网站能提供满足自己需求的服务而经常地访问，并认为网络已经进入用户粘性的阶段，增加用户粘性是决胜互联网的一大关键 |
| 吴等（Wu et al., 2010） | 游戏粘性是游戏玩家反复回来并延长在线游戏每次持续时间的一种意向 |
| 卢等（Lu et al., 2010） | 博客粘性行为是花费在博客上的时间和在博客上的停留时间 |
| 徐等（Xu et al., 2010） | 相比忠诚这种重复购买行为，粘性行为更强调的是一种重复访问 |
| 刘蓓等（2011） | 粘性既是网站的一种属性，也是访问者的忠诚度 |

文献来源：研究者整理。

### 三　网络粘性的测量维度

目前，学者们对网络粘性的测量维度从两个研究视角展开，即网站粘性视角和用户粘性视角。就网站粘性测度而言，有学者从时间、点击量等维度对其进行测度。哈利法等（Khalifa et al., 2002）提出用重复购买的数量来衡量粘性。但网络粘性在不同的网络应用行为中都有所表现，因此仅仅用重复购买的数量来衡量粘性是不够全面的。林等（Lin et al., 2007）从网站角度考虑，提出用户对网站积极的态度、对网站的高度信任及网站高质量的内容会影响网站的粘性。斯蒂芬斯（Stephens, 1999）指出测量粘性的三个维度分别是持续时间、频率和深度，这三个维度指标在吴等（Wu et al., 2010）的虚拟社区研究中被使用并证实了其适用性。达纳赫等（Danaher et al., 2006）认为粘性可以通过测度浏览的网页数量来获得。波里德斯（Polites, 2012）在研究在线旅馆预订的一篇文章中，详细讨论了客户满意度和网站粘性之间的关系，并用三个维度去测度网站的粘性，即网络是首选渠道、网络带来客户忠诚以及网络是任何时候预定时的首选。浏览网页的数量也被用于测度网络粘性程度（Manchanda et al., 2006）。

在用户视角的网络粘性的研究中，特朗等（Telang et al., 2005）认为粘性是使用网站的时间，并发现忠诚的用户会花更多的时间在网络上，重复使用对粘性也有正向的作用。帕尼拉马等（Pahnila et al.，2012）分别从个人涉入网络的程度、对网站的忠诚度及持续使用网站的意向三个维度测度粘性。林等（Lin et al.，2007）除了从网站的角度提出测量粘性的指标外，在关于购物粘性的研究中，从消费者视角提出网络粘性的测度需要考虑四个方面的因素：第一，在该网站停留的时间比在别的网站时间长；第二，有意向延长在该网站停留的时间；第三，尽可能经常访问该网站的意向；第四，只要在线就会访问该网站。有学者在研究在线游戏粘性的时候也考虑了这四个方面的因素（吴（Wu，2010））。李等（Li et al.，2006）从持续使用意向的视角构建了消费者的网络粘性意向。卢等（Lu et al.，2010）从两个维度测度粘性，即访问意向和实际访问的频率。徐等（Xu et al.，2010）以及王海萍（2009）在文中对粘性的测量维度同样也参考了林等（Lin et al.，2007）一文中的4项粘性意向测度指标。金姆等（Kim et al.，2005）认为粘性反映的是使用者的体验经历，因此提出粘性是网络使用者花费在网络上的平均时间和访问频率，指出点击流数据可以用来测量粘性。但是，需要注意的是，在网站停留时间过长也可能是网速过慢导致的结果。库尔尼亚万（Kurniawan，2000）研究在线零售商的客户偏好和粘性时从消费者角度分八个维度对粘性意向进行测度，分别是："就个人来说需要花费更多精力和时间与另外的网络零售商建立新账户"；"去结识一个新的网络零售商成本会更高"；"从一个网络零售商转移至另外一个是很麻烦的一件事"；"与新的网络零售商建立关系并保持原有的服务连续性不易"；"转移到另一家可能得不到原有商家的一些特权"；"很熟悉原有商家程序如何运作因此不情愿变换商家"；"转化商家花费的时间、金钱、努力和带给人的负面情绪成本高"；"如果与原有商家终止业务关系会发生财务费用"。程宏（2009）认为，用户黏性（即粘性）是指网站产品对用户吸引力的具体表现形式，即消费者的网络粘性包括重复使用度、依赖性和忠诚度等三个维度。李晨宇（2011）对社交网站的用户黏性（即粘性）进行测量与评定，采用用户个人需要、用户的行动性特征、用户的激励措施、用户忠诚度、用户增值服务的运营、用户使用社交网站的倾向六个维度对社交网站的用户粘性加以评定。赵国洪（2009）对用户粘性度的调查，是通过了解用户对农业信息网的忠诚度和使用习惯来判断的，包括用户访问该网站的频次，平均访问时间，访问的具体栏目和原因等。

而相对于网络粘性促进购买的研究，对消费者个人生活和工作的影响也应该是研究网络粘性应关注的问题，从这一角度分析，网络粘性和网络成瘾与问题性网络使用行为等有一定的联系，对此类问题的测量维度的研究有助于对网络粘性问题进行更深入的探讨。

1996年，杨（Young）根据精神疾病诊断与统计手册（DSM－IV）中病理性赌博的10项标准提出诊断网络成瘾的8条标准，其中包括：身心被互联网占据；需要花费更多时间上网；尝试控制减少使用却未成功；减少使用会带来身心不适；在线时间超出预期；上网导致人际关系、工作、教育和职业机遇的损害；向他人隐瞒互联网卷入程度；将互联网作为逃避现实的手段。杨（Young）要求受试者回答上述8个有关上网过程中认知、行为及心理状况的症状问题，她指出，如果在过去一年内出现5个或以上症状，则可断定受试者属于网络成瘾。由于该量表提出较早，且量表本身简单易操作，因此该量表成为网络成瘾研究中引用率极高的一个诊断标准。2001年，在该量表的基础上，比尔德和沃尔夫（Beard & Wolf）提出了网络成瘾的"5+1"诊断标准，即必须满足以上8项标准中的前5项，且后三项至少要出现1项，才能诊断为网络成瘾。1998年，杨（Young）在8条网瘾筛查量表被广泛应用的基础上，增加了12道题，建立了网络成瘾20题测试问卷。与初期的8条标准相比，该量表虽然同样属于自测题，但由于题目增加，从成瘾的行为和情感症状两个方面考量得更加全面，同时又采用了Likert五级量表，从而能够更加客观地反映受试者在网络应用方面存在的问题，而且按照杨（Young）给出的数据标准，也可以对不同的网络应用情况进行有效区分。温迪亚拓等（Widyanto et al.，2004）在研究中使用了该量表，通过因子分析发现网络成瘾可表现为6个维度，分别是过度使用（excess use）、忽视工作（neglect work）、预期（anticipation）、自控缺失（lack of self-control）、忽视社交（neglect social work）、突出（salience），并在文中再次验证了该量表具有充分的内在一致性。

2000年，格里菲思（Griffiths）依据DSM－III2－R（心理疾病诊断统计手册）中的病态赌博诊断标准提出了电子游戏成瘾的8条判断准则，提出了包括显著性、耐受性、情绪体验、翻本欲望、复发、戒断反应、生活冲突和社交影响等8个方面在内的8道题目，格里菲思（Griffiths）提出，符合其中4条及以上可定义为游戏成瘾。包括上述两个标准在内的成瘾量表都属于要求受试者做出是或否回答的强制判断量表，在后期的研究中，让受试者做等级判断的 LIKERT 量表被更多采纳。

2001 年，戴维斯（Davis）等人以认知—行为模型为基础，编制了《在线认知量表》（Online Cognition Scale，OCS）。戴维斯认为，影响网络成瘾的核心因素是非适应性认知（包括自我和对世界的认知扭曲），因此，OCS 中的条目侧重于测评被试者关于网络使用的非适应性认知，更有利于鉴别网络成瘾者和正常网络使用者。该量表是一个包含 4 个测量维度共 36 个题项的 7 级自陈量表。其 4 个测量维度分别为社交安慰（social comfort）、孤独/抑郁（loneliness/depression）、减弱的冲动控制性（diminished impulse control）和逃避（distraction）。如果被试者测出的总分超过 100 或任一维度上的得分达到或者超过 24，则诊断为网络成瘾。该量表所要测量的是被试者的思维过程（即认知）而非行为表现，因此该量表具有一定的预测性。初步研究表明 OCS 有较好的效度。同时国外研究表明，该量表的信度是 0.87，具有较高的内部一致性。

卡普兰（Caplan，2002）根据戴维斯的理论编制了一般性问题网络使用量表，该量表认为 PIU 应该包括三大方面，即认知、行为和结果，并分别从 6 个子维度，即负面结果、过度使用、心境改变、强制性使用、在线社会交往偏好、沮丧和孤独感等对问题性网络使用行为进行了测量。

2003 年，台湾大学陈淑惠等构建了包括网络成瘾核心症状和网络成瘾相关问题两个方面的中文网络成瘾量表 CIAS，后经过修订，形成了 CIAS - R。该量表将网络成瘾核心症状分为强迫性上网、网络成瘾戒断反应和网络成瘾耐受性三个方面，成瘾相关问题包括人际与健康问题和时间管理问题两个方面。各因素的心理计量显示，该量表是一个结构合理、稳定可靠的量表。台湾学者周（Chou，　）翻译了布伦纳（Brenner，1997）编制的互联网相关成瘾行为量表，该量表共有 32 个项目，具有较好的内部一致性。此后修订过的量表的内部一致性较好，并验证了此量表与杨的量表之间呈现正相关。

撒切尔等（Thatcher et al.，2005）根据病态性赌博量表（Lesieur & Blume，1993）形成了问题性网络使用量表，共计 20 道题目，该量表的内部一致性高达 0.9，通过探索性因子分析形成三因子，即身心被网络占据（online preoccupation）、负面影响（adverse effects）和社会交往（social interactions）。区分的标准沿用了杨（Young，1998）在 IAT 中所使用的标准。

2007年，刘惠军等编制了大学生电脑游戏成瘾问卷，该问卷将24个题目聚合为时间管理、情绪体验、生活冲突、牺牲社交和戒断困难五个方面，最终发现该问卷结构清晰，信度和效度都较好。

青少年病理性互联网使用量表由雷雳和杨洋（2007）编制，该量表共38个项目，6个维度包括突显性（salience）、心境改变（mood alteration）、社交抚慰（social comfort）、耐受性（tolerance）、强迫性上网/戒断症状（compulsive internet use/withdrawal symptoms）、消极后果（negative outcomes）。量表采用5点记分，1~5分别代表"完全不符合、比较不符合、不能确定、比较符合、完全符合"，得分越高表明病理性互联网使用的水平越高。APIUS的项目平均得分大于等于3.15分者界定为"网络成瘾群体"，平均得分大于等于3分小于3.15分者界定为"网络成瘾边缘群体"，平均得分小于3分者界定为"网络使用正常群体"。总量表项目的内部一致性信度为0.96，各分量表项目的内部一致性信度为0.84~0.94。本研究"网络成瘾群体"的检出率为8.93%，"网络成瘾边缘群体"为4.01%，"网络使用正常群体"为87.07%。2008年，陶然等从症状标准、病程标准和严重程度标准三个方面提出了我国网络成瘾的临床诊断标准，其中症状标准有7条：1. 对网络的使用有强烈的渴求或冲动感；2. 减少或停止上网时会出现周身不适、烦躁、易激惹、注意力不集中、睡眠障碍等戒断反应，戒断反应可通过使用其他类似的电子媒介（如电视、掌上游戏机等）来缓解；3. 为达到满足感而不断增加使用网络时间和投入的程度；4. 使用网络的开始、结束及持续时间难以控制，经多次努力后均未成功；5. 固执地使用网络而不顾其明显危害性后果，即使知道网络使用的危害仍难以停止；6. 因使用网络而减少或放弃了其他的兴趣、娱乐或社交活动；7. 将使用网络作为一种逃避问题或缓解不良情绪的途径。其中1、2为核心症状，必须具备，3、4、5、6、7至少符合1条，即网络成瘾诊断的"2+1"模式。另外，他们还提出了网络成瘾的病程标准：平均每日非工作学习目的连续使用网络时间达到或超过6小时，且符合症状标准已达到或超过3个月。此外，严重程度标准为日常生活和社会功能受损（如社交、学习或工作能力方面）。尽管该标准提出后还存在很多争议，但是目前已成为我国网络成瘾所采纳的诊断标准。

戴莫查韦克斯（Demetrovics，2008）根据网络成瘾问卷编制了PIU量表，该量表共有 18 道题目，分成三个维度，分别是困扰（obsession）、忽视（neglect）和控制障碍（control disorder）。量表的 Cronbach's α 为 0.8725，各个维度的 α 值也都超过了 0.7，说明量表整体的一致性较高。戴莫查韦克斯（Demetrovics，2008）通过分析 1037 个样本，区分了网络使用的四种状态，分别是：低于均值一个标准差为没有问题群体（no-problem（NP）group）；在均值一个标准差范围内为一般问题群体（average-problem（AP）group）；超过均值一个标准差但少于两个标准差为问题群体（problem group，PG）；超过均值两个标准差以上的群体为明显问题群体（significant-problem（SP）group）。文章对各个群体的人口特征进行了详尽的分析。凯文等（Kevin et al.，2010）根据这个 PIU 量表进行了验证性因子分析，进一步检验了该量表的信度和效度。

## 四　国内外消费者网络粘性研究文献述评

综合来看，国外对网络粘性的研究涉及广泛，管理学、营销学、心理学和经济学等学科各有侧重，大部分学者都是从网站视角和用户视角对粘性概念进行界定，粘性的测量维度也从网站粘性和用户粘性两大方面展开。但是，目前对网络粘性的概念以及维度还没有一个广为研究者接受的结论，持续时间、频率和访问深度等被很多研究者引用，但这三个指标完全基于网站视角测度，属于对网络粘性的单一维度的测定，未能考虑消费者行为中个体感知和心理变化过程，已很难适应目前受到越来越多关注的消费者研究视角。

无论以上研究是基于网站视角还是用户视角，实际上对网络粘性的定义和维度的研究都是基于同一个目的，即了解用户对使用网络的粘附程度，是针对某一类型的网络应用或特定的网站而进行的研究，更多地从商家的视角提出营销的策略，但是这些研究都没能从行为主体本身的粘性特征以及粘附程度进行深入探讨。因此对国外相关理论的回顾和评析将有助于对消费者网络粘性行为研究的开展。

本研究正是基于这一现状，提出基于消费者视角的网络粘性行为的概念和测量维度的确定，探讨行为主体的黏附程度、特征及对生活和工作的影响，只有对主体的粘性特征进行准确识别，才能为后续的干预问题研究打下基础。

## 第二节 消费者网络粘性形成机理研究综述

### 一 消费者网络粘性影响因素综述

（一）网络消费者行为影响因素

20 世纪 90 年代，随着网络经济的发展，网络消费者群体的研究逐渐受到重视，并形成了网络消费者行为的学科分支，其研究内容大多是在原有的消费者行为研究理论框架内展开，对网络消费者行为研究主要是对其影响因素的讨论，涉及网络消费者意图、采纳与持续使用等方面的研究。意图、采纳与持续使用基本涵盖了网络消费者行为研究的重要方面，是建立网络消费者行为研究架构的关键组成要素。大多数研究从消费者个体因素、产品和服务及网络环境因素等方面进行分析。

关于网络消费者个体特征的分析，通过对网络消费者的年龄、性别、学历构成、态度、满意等因素进行分析，发现具有不同个体特征的消费者在购买行为方面的差异。这一方面因素的研究在网络使用文献的研究中居于支配地位。李等（Li et al., 1999）认为，男性比女性更经常在网上购物。施姆等（Shim et al., 2001）则在其研究中检验了消费者态度和其他变量在预测网络搜索和购买意向之中的不同角色，并在发展克莱因（Klein, 1998）所提出的预购模型的基础上得出了网络预购意图模型。他们的研究还指出了有过网络购物经历的消费者更易从浏览者转化为购物者。埃尔奥卢等（Eroglu et al., 2001）研究购物氛围对消费者行为的影响，运用 S—O—R（刺激—主体—反应）模型，指出网上购物氛围如何影响购物者的动机和认知，并最终改变其行为结果。道格拉斯（Douglas, 2002）研究了香港的消费者人口统计特征对网上购物行为的影响，结果表明性别、年龄、教育水平、月收入、每周上网时间、计算机工作环境与网络使用时间等与网上购物行为有关，而性别和婚姻状况与购物行为无显著关系。福赛思等（Forsythe et al., 2003）则在其研究中指出，传统上网络使用者大多是一些受过良好教育、富有的人，但现在网络使用者的构成已发生了变化，拥有大学文凭的网络使用者已从 43% 降至 29%，其构成中中产阶级占多数，且其中 40% 为女性。利姆（Lim, 2003）则主要考察影响消费者接受 B2C 的一个重要因素——感知风险，指出了感知风险的重要性以及感知风险与信任之间的关系。苏等（Su et al., 2004）实证地检验了网上经历和从前网上购物满意程度与网上购物意向之间的关系，认为网上购物经历与满意程度与再次购物意向正相关，并比较了不同因素对消费者网上、网下购买决策的不同影响，在此基础上建立了一个经济学模型，检验了价格、搜索成本、评价成本、获得时间和消费者风险态度对消费者购买决策的影响。孔庆民等（2006）的研究也表明影响网络消费者决策的基本因素是个性、知觉、态度、能力、学习。麦克尔罗伊等（McElroy et al., 2007）探讨了个性与认知风格对网络使用的影响，结果支持个性而不是认知风格作为网络使用的前因变量。有学者选取在职人员，对这些消费者的人格特质及消费行为之间的关系进行研究，结果表明职业、收入、年龄、学历及性别在不同消费行为上存在显著性差异。李艺（2007）认为当顾客感知风险带来顾客心理安全感缺失时会影响消费行为。常亚平（2007）实证研究发现消费者的创新性水平对其网上购物意向有显著影响，交易可靠、个人信息安全、有用和方便是影响保守型消费者网购意向的重要因素。李宝玲等（2007）研究了感知风险这一影响因素，检验了感知风险维度对消费者网上购买行为的影响。苏秦等（2007）的研究表明客户忠诚行为意向是实际消费行为最直接的影响因素，而客户满意、情感关系以客户行为意向为中介间接影响客户实际消费行为；网站使用经历、服务可靠性、安全与隐私、客户服务经历等因素通过客户满意间接影响客户忠诚行为意向。王芳（2008）分析指出网络消费行为的实际发生受到在线信任的极大制约。高海霞（2010）认为消费者购买决策中，感知风险相对于感知利得是更为关键的决定因素。

有关产品和服务及网络环境因素的文献主要从产品类型、网络系统属性特征方面分析对消费者网络使用的影响。兰加纳坦等（Ranganathan et al., 2002）指出信息内容、设计、安全、隐私是四个影响网上购物的主要因素，并运用实证研究的方法指出安全和隐私对消费者购物内容有重要影响。奇尔德斯等（Childers et al., 2002）按照享乐主义和实用主义两种不同动机，在 TAM 模型的基础上建立了一个消费者态度模型，检验了便利性等因素对网络消费者态度形成的重要预测作用。梅农等（Menon et al., 2002）在霍夫曼（Hoffman, 1996）关于电子商务活动中虚拟购物环境对消费者购物行为的影响研究的基础上，重点研究了在某一消费环境中的经历可能对消费者行为造成的影响，尤其是考虑在消费环境中让消费者感受到的愉快、鼓舞等经历对重复购买的重要性。沃尔夫巴格等（Wolfinbarger et al.，2003）指出质量对网上零售商和消费者行为的影响。福赛思（Forsythe，2003）则发现很多消费者仅仅利用网络收集信息而在网下实施购买行为，并分析了这一现象出现的原因，提出了网上购物风险的本质以及各种风险与网上购物行为之间的联系，将与网上购物者有关的风险分为金融风险、产品风险、心理风险及便利（时间）损失风险，并在此基础上建立了一个用于解释风险与购物行为之间联系的模型。利马伊美等（Limayem et al.，2003）提出研究网络消费者行为的16个因素，即社会规范、感知效果、感知易用性、感知有用性、习惯、感知行为控制、感知风险、经验、创新特性、年龄、教育、性别、收入、娱乐性、网络使用和信任。张等（Teo et al.，2003）运用结构方程模型研究了新加坡网上购物环境中的网络消费者决策过程，指出目前对于消费者决策过程的研究依然聚焦于某一特殊阶段而非全面研究，他们在 E. K. B 模型的基础上将研究聚焦于核心购买过程，即信息搜索、评估选择和购买三个阶段，实证地检验了影响这三个不同阶段的因素，提出搜索努力影响搜索的感知利益，感知风险与消费者总体评价负相关，搜索的感知利益与消费者总体评价正相关，消费者总体评价与购买意向正相关等研究结论。克里斯蒂等（Christy et al.，2005）在总结概括了大量网络消费者行为的研究文献后，将意图、采纳与持续使用联系起来建立了一个整合的在线消费者行为模型，分别从个体或消费者的特征、环境影响、产品或服务的特征、系统特征、在线零售商与中介特征等五个方面分析影响网络消费者行为的因素。我国学者李季（2006）从购买成本的角度研究网络购物行为，研究结果表明货币成本、体力精力成本和社会心理成本都会影响消费者的渠道偏好，其中影响最大的是社会心理成本。安纳德（Anand，2007）研究了网上客户满意的影响因素，发现便利性、可服务性、网站设计以及安全性等因素显著影响网上客户的满意度。连等（Lian et al.，2008）提出用户对网络购物的采纳行为受四类因素的影响：一是消费者特征，主要包括个性特征、自我效能感、人口因素、新信息技术的接受情况等变量；二是个人感知价值，主要包括感知风险、感知便利性、感知网站质量和感知利益等变量；三是网站设计，主要包括安全性和私密性；四是产品本身。曾伏娥等（2008）基于交易成本经济学理论，研究发现无上网购物经验的消费者是否将网上购物冲动退缩为橱窗购物行为由其感知到的交易成本决定。蔡和黄（Tsai & Huang，2009）通过实证检验了关系投资正向影响消费者与某一特定网上零售商保持关系的意向。考夫曼（Kauffman，2010）在研究中指出消费者觉得公平对消费者价格满意和购买倾向有积极的影响。张夷君（2010）在研究虚拟社群信任对网络消费者购买意向的影响时也借鉴了 TAM 模型，将团购模式的有用性和易用性引入。任晗等（2011）对消费者的行为特征进行了分析，认为网络团购消费者有低价偏好、追求时尚便利等特征，团购网站的低价策略可以提高消费者满意度。

（二）消费者网络粘性行为影响因素

由于从消费者视角研究粘性的文献较少，因此对影响粘性因素的探讨是有限的，现有研究基本上是从消费者行为影响因素的研究框架出发，从个体人口统计特征和心理因素以及网络产品及环境因素两大方面探讨影响消费者网络粘性的影响因素。

关于消费者个体因素，通常我们会首先考虑人口统计特征的影响。人口统计特征主要包括性别、年龄、教育水平、月收入、婚姻状况、工作和生活方式等。具体到粘性行为的研究，大部分研究者还没有将注意力放在探讨人口统计特征上，而只是将其看作是控制变量。李（Li，1999）证实了个人因素（性别和年龄）对粘性行为的影响，结果表明年龄越大并且上网经验越丰富的用户越不会轻易产生持续使用网站的意向；在线消费者的经历与粘性有直接的关系。张等（Zhang et al.，2000）研究发现，在购买、下载、浏览和交流等网络使用行为中，男性比女性更倾向于使用下载和购买的功能，而女性更喜欢使用电脑与朋友进行聊天。年轻的使用者比年长的使用者更多地使用下载和交流功能。哈利法等（Khalifa et al.，2002）在未来的研究方向中指出，应该调查其他类型的产品或行业，并合并个体特征来解释客户粘性出现的可能性。王海萍（2009）的研究却表明人口统计特征对在线消费者短期粘性意向的影响不显著，而对长期粘性意向有影响，受教育程度、网上购物经历以及上网频率对粘性意向的影响较显著。卢等（Lu et al.，2010）在研究博客粘性的文章中，对人口因素的影响进行了研究。证实了个人因素，如性别、网络用户使用博客的程度（重度、轻度）、博客用户的经历（经验丰富的博客写手和博客新手）、用户的身份（学生和非学生）等个人因素对粘性行为的影响，研究结果表明这些个人因素对粘性行为均有一定程度的影响。

除人口统计因素外,与消费者信息系统使用行为相关的一些个人因素也应予以考虑,如消费者使用信息系统的技能和习惯。葛芬(Gefen,2003)将持续使用意向和习惯变量引入 TAM 模型,验证随着经验累积所形成的习惯是否对用户的持续使用意向有影响,假设检验的结果显示,习惯变量不仅对有经验用户的感知有用性和感知易用性有影响,对其持续使用意向也有显著影响。利马伊美和赫特(Limayem & Hirt,2007)将习惯称作自发的、非故意的、频繁的重复,可以解释使用意向。道格拉斯(Douglas,2008)的研究也表明了用户对计算机工作环境熟悉的程度以及用户使用网络的时间等都跟网络粘性意向密切相关。

消费者心理因素作为影响消费者行为的重要因素在诸如信息系统、心理学和消费者行为研究中得到了广泛证实(Agarwal,1998)。在众多消费者心理因素中,心流体验被认为是影响信息系统使用的关键因素之一。心流(Flow)由心理学家齐克森米哈里(Csikszentmihalyi)在1975年首次提出,并系统科学地建立了一套完整的理论。齐克森米哈里将心流定义为个体完全投入某种活动的整体感觉,心流产生的同时会有高度的兴奋及充实感。心流体验产生的关键在于使用者从某项活动中获得愉悦,特雷维诺等(Trevino et al.,1993)描述心流体验是使网络使用者持续发现和点击的动力,是其使用网络时首先寻求的东西。霍夫曼(Hoffman,1996)指出心流体验就像胶水,将网络使用者"粘"在网络上。曼斯威克等(Mathwick et al.,2004)指出心流体验也同时促进了用户对网站及其品牌的认可,从而使得用户对网站的粘性意向加强。巴塔克里(Bhattacherjee,2001)认为消费者的重购行为与信息系统使用者的持续使用决策相似,故借用奥利弗(Oliver,1981)的定义,将满意定义为使用者会先产生初次购买决策或初次接受使用决策,且此决策都会受到之前使用经验的影响,最后的结果可能与最初的决策产生冲突。哈利法等(Khalifa et al.,2002)将消费者粘性的影响因素归为总体满意,且是影响粘性的直接因素,同时在线购物习惯成为调节满意与粘性间的测试因素。班赛尔(Bansal,2004)研究发现相对于网络转换行为,粘性实际的保留行为、网站的特征不仅直接影响粘性,而且通过满意这个中介变量间接影响粘性。并将满意作为再购买的一个影响因素,总体满意采用从网站做出购买行为的被调查者总体满意的平均水平,但是结果却表明总体满意仅仅解释了5%的方差,说明网站粘性必然受到其他更多因素的影响。同样,库尼亚万(Kurniawan,2000)也曾对满意对粘性的影响做了探讨,结果发现它对粘性的影响并不强。虽然不同研究者对满意在粘性形成过程中的作用程度观点不一,但是对于满意的影响作用还是持肯定态度的。吴(Wu,2010)在一篇研究游戏粘性的文章中,提出初始经历和追求愉悦的满足感会吸引玩家持续玩游戏直至粘性产生。丘(Cho,2012)发现设计良好的网店最能吸引人们的注意力,使人们忘记时间和空间的限制,沉浸在网络中。

在考虑网站因素的影响时,互动性也成为研究关注的因素之一。戴顿等(Deighton et al.,1997)认为网站互动性在把有兴趣的浏览者转变为进行互动的消费者过程中起到的作用很重要。伯松(Berthon,1996)认为网站互动有利于提升客户体验。许多研究表明,下载速度与网页访问量、上网时间和在线企业形象有关,如客户等待网页时间大于4秒后会受挫。高斯等(Ghose et al.,1998)认为网站的目的性功能与互动性功能对于网站而言是最为重要的,发现网站的互动性越高,上网者对其吸引力的评价越高。哈等(Ha et al.,2012)发现网页设计质量会积极影响消费者的愉快和唤起。网站特征或属性包括易用、信息可获取、产品价格、客户服务以及物流等方面,研究结果表明网站特征的直接与间接影响都较小。

除了针对具体的消费者网络消费行为影响因素的研究,还有学者通过分析线上和线下影响因素的不同,更深刻地揭示网络消费者行为的影响因素。德杰拉图等(Degeratu et al.,2000)比较了消费者在电子市场和传统市场选择上的差异,发现在两个市场下,消费者的行为是存在显著差异的,重点研究了线上和线下两种不同的情况下,消费者对价格的敏感程度,研究结论指出品牌和质量对于网络消费者的影响大于其他线下消费者。丘(Cho,2002)则将研究视角聚焦于消费者抱怨行为对网上与网下消费者购后行为的不同影响。尚卡尔等(Shankar et al.,2003)对比了消费者满意与忠诚在网上和网下环境中的异同。程华(2003)运用技术创新理论对美国网上零售业进行研究,认为美国零售业成功的原因在于采用了渐进式创新的模式。伍丽君(2005)则分析了在消费者购买决策的各个阶段,网上和网下环境导致的影响因素的异同,在此基础上指出选择适合网上销售的产品和服务是企业网络销售成功的关键条件,同时应提高网络广告的质量,使其能够起到刺激消费的作用，物流配送和售后服务对消费者网络购买决策也有一定影响，应予以重视。尤其值得一提的是，何明升（2002）运用理论分析、数学分析、实证分析等方法，对网络消费理论及其分析模型、网络消费形成与发展的微观机理、网络消费发展的规律等问题进行了全面的研究，提出了网络消费的四种测度方法，即支出法、系数法、结构法、指数法，特别是他对我国网络消费发展状况所进行的定量分析，为进一步研究我国网络消费者的消费行为奠定了良好的基础。

**二 消费者网络粘性形成机理综述**

消费者网络粘性是消费者在使用网络这一信息平台过程中产生的一种行为特征，因此信息系统使用理论理应成为其形成的理论基石。信息系统使用理论关于用户行为的研究涉及采纳前行为（Pre-adoption Behavior）研究和采纳后行为（Post-adoption Behavior）研究。采纳前行为研究的主要理论成果是技术接受模型（Technology Acceptance Model，TAM），采纳后行为研究的成果主要是持续使用理论，其中较具代表性的是巴塔克里（Bhattacherjee，2001）在期望确认理论（Expectation Confirmation Theory，ECT）基础上提出的信息系统持续使用模型（Expectation Confirmation Model of IS Continuance，ECM—ISC）。

（一）采纳阶段理论研究文献

戴维斯（Davis，1989）针对信息系统用户拒绝使用信息系统的问题，在TRA理论的基础上提出了技术接受模型，该模型主要用来解释和度量使用者对于信息技术或者信息系统的接受度，试图解释用户信念即感知有用性（Perceived Useful，PU）和感知易用性（Perceived Ease of Use，PEOU）对用户使用态度、使用意向和实际使用的影响，以预测和增进用户对信息系统的接受和采纳，强调个人使用态度对于行为意向的影响作用。TAM模型的出现为信息系统采纳研究提供了较为简单实用的理论框架，揭示了影响用户采纳的两种最为重要的因素，即感知有用性和感知易用性。大量的实证研究证实了其实用性和有效性，马西森（Mathieson，1991）在其研究中指出，在不同的用户背景中，相较于其他类似的模型，TAM是研究者首选的模型，TAM模型如图3-1所示。

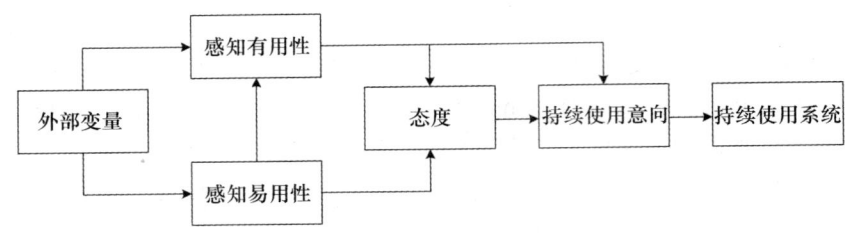

图 3-1 技术接受模型（Technology Acceptance Model，TAM）

消费者对网络的使用始于对网络的采纳，在这一阶段，TAM 中的变量对消费者对网络的采纳有重要的影响，TAM 模型中所有的外生变量都是通过感知有用性、感知易用性两个中介变量间接影响消费者使用网络的态度、意向或者行为。在分析消费者对网络这一信息系统的使用时，感知有用性是指消费者对网络会为其带来的好处的主观评价，直接影响消费者对所使用的网络应用的态度和使用意向，而感知易用性是指消费者对使用网络简单方便的期望程度，不仅会影响用户的感知有用性，而且会影响用户的使用态度。

TAM 模型与菲什拜因和阿耶兹（Fishbein & Ajzen，1975）提出的 TRA 模型相似，TAM 模型也假设个体的使用行为是直接由使用意向所决定的，这也就假定当某人形成行为意向时将会毫无限制地实施某行为。在对粘性行为的分析中，当消费者受到因素影响时会形成网络使用意图，进而产生采纳网络的行为。TAM 模型中的使用意向还同时被用户的感知有用性和行为态度影响，只要系统能够提升用户的工作和生活效率，一般而言，用户都会形成一种使用意向，因此感知有用性会影响使用意向。

国内外有许多学者针对 TAM 模型做了深入研究，根据不同的研究对象和研究目的，结合其他相关理论，为模型引入新的变量，以期提高模型的解释和预测能力，例如，文卡塔斯和戴维斯（Venkatesh & Davis）于 2000 年通过一项纵向的实验对模型进行扩展，提出了 TAM2 模型，引入了主观规范、自愿性、工作相关等数个影响因素。综合来看，目前对 TAM 模型的研究可以分为三种类型，即对 TAM 模型的应用研究、对 TAM 模型的实证研究以及对 TAM 模型的扩展或修正研究。

（二）持续使用阶段理论研究文献

上述信息技术采纳理论的行为模型是基于静态点考虑的，不能有效解释用户在初始采纳后并未持续使用的前后不一致行为，因此消费者对网络采纳后持续使用意向与行为的动态建模逐步成为学者们关注的前沿领域。

切亚等（Chea et al., 2008）将采纳后行为分为三种——推荐行为、抱怨行为和持续使用行为，而学者们研究最多的采纳后行为就是持续使用行为。持续使用行为并不是一个全新的概念，在许多信息系统实施和使用的文献中都出现过与之相关的概念，只是近年来才逐渐引起很多学者更深层的研究兴趣。在诸多的研究信息系统持续使用行为的理论中，期望确认理论是最有影响力的理论之一。

期望确认理论最初用于消费者行为领域，它不仅仅局限于对购买前的行为进行研究，而是同时研究了消费者购买前的期望和购买后的满意度、感知效果以及重复购买。后由巴塔克里于 2001 年将该理论运用到信息系统持续使用的研究中，提出了信息系统持续使用的 ECM—ISC 模型。信息系统的使用行为可以分为采纳前行为和采纳后行为，信息系统持续使用就属于采纳后行为的一种。他认为用户决定持续使用信息系统与消费者决定重复购买产品或服务有许多类似之处，都发生在初始决策之后，都为初始使用产品的经验所影响。ECM—ISC 模型对于研究采纳后行为规律的最大贡献就是真正关注了采纳后行为研究。巴塔克里明确提出了信息系统的接受行为和持续使用行为有着本质的区别，能够提供 TAM 模型无法解释的用户在初始采纳后未持续使用的前后不一致现象等问题，并且该模型通过引入满意度、期望确认度等研究概念丰富了持续使用研究。在 ECM—ISC 模型中感知有用性被视为采纳后的用户期望，该研究变量在采纳前与采纳后两个阶段均对用户行为具有影响。模型如图 3 - 2 所示。

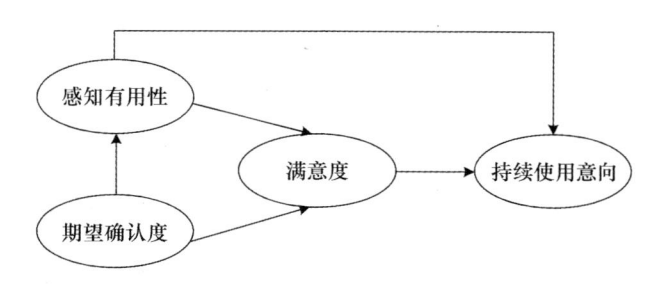

**图 3 - 2　期望确认模型**（Expectation Confirmation Model，ECM）

ECM 的因变量是持续使用意向而非实际行为，和 TAM 等模型相似，均认为可以透过行为意向来合理推断用户行为，这一点并不完全适合预测采纳后用户行为，因为它忽略了不断反复使用行为进而演变成用户习惯。

利马伊美等（Limayem et al., 2003）认为用户习惯是持续使用意向和持续行为之间关系的负向调节变量，并且调节作用会随着时间推移而逐渐增强，而主影响效应会逐渐弱化。

TAM 和 ECM 起源于不同的研究领域，有不同的理论基础和关键构念，但都与 IS 采纳行为理论相联系。TAM 是静态模型，侧重于从前向或预期的角度来解释用户的意向与行为，揭示了初次采纳行为的过程；而 ECM 是过程模型，侧重于从后向的角度来解释用户的意向和行为，是在初次采纳基础上的用户行为特征。本研究对消费者网络采纳行为的研究借鉴了 TAM 模型的研究思路，对采纳后行为的研究则运用了 ECM 模型的研究思路，最终在综合考虑 TAM 模型、ECM 模型中各变量对消费者行为影响的基础上展开研究。

（三）社会心理学理论中行为形成的研究

除上述信息系统使用理论之外，心流理论也是网络粘性行为形成过程中的重要理论基础。

齐克森米哈里采访了攀岩爱好者、国际象棋选手、运动员和艺术家等数百人，通过访谈，这些受访者表示自己在从事这些运动或工作的时候，得到了一种兴奋的情绪体验。齐克森米哈里把这种情绪体验命名为心流并进行理论研究，认为心流是指人们对某一活动或事物表现出浓厚的兴趣并能推动个体完全投入某项活动或事物的一种情绪体验，同时他指出这种情绪体验一般是个体从当前所从事的活动中直接获得的，回忆或想象等则不能产生这种体验。当人们处于心流时，通常会陷入一种深层的，近乎完全的如痴如醉的状态，伴随着愉悦的感受和巅峰的工作状态；感觉不到时间的流逝以及周围事物的存在，全部精力集中在迎接挑战上，全情投入到情境当中，集中注意力，并且过滤掉所有不相关的知觉。为此，心流体验的特征概括为以下九个方面：个体从事活动的目的性强、目标明确；个体感受到的挑战与技能相平衡；个体对每一步操作、活动给予即时反馈；个体的意识与行动互相融合；个体的注意力完全集中于当前活动；个体体验到一种控制感，能够有把握地进行操作并预知下一步的操作；个体出现自我意识丧失，如忘记饥饿感或社会身份等；个体感受到时间过得很快，出现短暂的时间失真体验；个体体验活动本身成为一种内在动机。

心流理论在信息系统领域被用于解释不同的现象，许多研究者在研究信息系统采纳的内在动机时，发现其中一个重要的动机就是心流。心流理论在信息系统领域被用于解释不同的现象，如在线消费者行为克法瑞斯（Koufaris，2004）、交流沟通特雷维诺（Trevino et al.，1992）、网络游戏崔（Choi et al.，2004；Hsu et al.，2004）和人机交互芬内朗（Finneran et al.，2003；Finneran et al.，2005）。霍夫曼等（Hoflman et al.，1996）研究了电脑媒介环境（CME）下使用者上网浏览时的心理状态，描述这种状态下会促使产生一连串不停的反应特性、内心愉悦感、伴随自觉的丧失和自我强化。许多研究者在研究信息系统采纳的内在动机时，发现其中一个重要的动机就是心流。林等（Lin et al.，2005）认为心流会产生对门户网站的持续使用。李（Lee，2008）运用心流理论研究了角色扮演类阅读网站的粘性问题，从网站视角提出增强粘性的战略。吴（Wu，2010）从心流产生的原因出发研究用户粘附于 SNS 类网站的原因。

（四）社会网络理论对网络粘性行为形成的研究

社会网络理论发端于 20 世纪 30 年代，成熟于 20 世纪 70 年代，是一种新的社会学研究范式。韦尔曼（Wellman，1988）提出社会网络是由多个社会行动者及他们间的关系组成的集合，即把"网络"视为是联结行动者（Actor）的一系列社会联系（Social Ties）或社会关系（Social Relations），它们相对稳定的模式构成社会结构（Social Structure）。随着应用范围的不断拓展，社会网络的概念已超越了人际关系的范畴，网络的行动者既可以是个人，也可以是集合单位，如家庭、部门、组织。社会网络与知识、信息等资源的获取紧密相关。网络成员有差别地占有各种稀缺性资源，关系的数量、方向、密度、力量和行动者在网络中的位置等因素影响资源流动的方式和效率。美国社会学家格兰诺维特（Granovetter，1985）在研究找工作问题的过程中发现，提供工作信息的人之间往往是弱关系。他据此首次提出了关系强度的概念，将关系分为强关系和弱关系。强关系维系着群体、组织内部的关系，弱关系在群体、组织之间建立了纽带联系。通过强关系获得的信息往往重复性很高，而弱关系比强关系更能跨越其社会界限去获得信息和其他资源。如果关注人们之间如何互相产生影响，就必须关注"强连接"。"强连接"包括我们相伴日久的家人、同事和朋友，与他们之间的关系深刻地影响我们的幸福（克里斯塔基斯，2012）。美国学者萨瑟兰德（Sutherland）认为个体最亲近的社会主体，如家庭和朋友对其行为的学习具有最大的影响。

关键多数原理（Critical Mass）与参照群体的概念类似。关键多数概念最早是由马库斯等（Markus et al.）提出的，并于1993年引入自己的研究中。某些事件或行为在即将达到大规模扩散程度之前，到达的最关键时刻，就是关键多数的形成，物理学上将这个概念称为临界质量，意指裂变物质在特定条件下达成自持链式裂变反应所需之最小质量，或是如原子弹反应堆达到临界质量点，便自发出现核连锁反应。这临界特定现象，就如同制造社会流行风潮，亦如流行性传染病一样，只要达到了一定的引爆点，流行就会突发性地迅速传播开来。罗杰斯（Rogers）将 Critical Mass 定义为在某些活动中，在社会性的集体参与之前，一小部分参与的人会首先进行某种尝试，当这样的人达到一定的数量和规模时，就达到了关键临界点，也可称为门槛，就会引发大规模的集体参与，也会对集体活动做出较大的贡献。因此，关键多数就是指对某些特定行为要做出较大贡献的一小部分群体。这个定义表明关键多数是激发集体性活动的基础，导致的结果就是当有足够的使用者采纳一种新技术时，新技术的采纳增长率会呈自发性增长趋势。由于信息技术使用率和使用人数的增长，当越来越多的人都开始使用某种技术时，其内部价值就会越来越明显。而对于某种特定的技术，要想通过精确计算得出实际的关键多数的数量，确定门槛是很困难的，因此，个人会有对于是否达到关键多数的感知，这种感知常被称为结构嵌入性，有一个与结构嵌入性非常类似的概念——社会规范，感知嵌入与社会规范都强调了主观规范信念在促进行为中所起的重要作用，即人们会选择做一些事情即使自己并不太感兴趣，只是因为希望能够遵循这些社会规范。但二者的不同之处在于，根据结构嵌入性的概念，所有的群体成本，不论是强势还是弱势，都会被同样地影响，成员的行为会对其他人产生压力，强调的是整体群体对于个人的影响力。社会规范强调个人更有理智，并且更有选择性地选择他们的社会参照。而结构嵌入性是外部影响因素，定义为个人感觉到的他的大部分同类人使用某种技术的程度。结构嵌入性的中心含义就是连带外部效应中的产品价值是与网络的规模和使用收益相联系的。结构嵌入性之所以能够影响使用某一技术的意图是因为当组织中潜在使用者的数量增多时，个人也会越发觉得此技术是有用或者具有价值的。因此本文主要研究消费者对于个人使用网络行为的影响，意在讨论整体的影响效果。

马库斯（Markus）首次将结构嵌入性概念和交流技术融合在一起。交流技术与传统的信息技术不同，因为需要花费很大的努力在两人或更多的人之间建立一定的互相依靠的关系。如果交流伙伴没有使用某种交流技软件，那么使用这类交流技术的好处就不可能达到。因此，个人是否会使用一种交流技术，取决于对周围同伴的主观感知。可见，这种感知会在人们相互交流的过程中发展而来。与此结论类似，社会心理学中的一致性理论也表明，拥有相互联系的成员组织常常会形成一定的社会规范，进而影响组织成员的感知和行为。当组织成员从组织中其他成员处获得相关的信息，并认为这些信息很有价值时，就会在这些信息的基础上改变自己的感知或者行为；当组织中的成员为了达到被接纳或者避免被恶意对待的目的时，就会尽量去迎合其他组员的期望。总之，感知嵌入导致了对于其他大部分成员是否已经采取这种技术的感知。潜在使用者认为使用这种技术是自己的职责，如果没有采纳行为，则会对自身带来一些不好的负面结果。

### 三 国内外消费者网络粘性形成机理研究文献述评

早期对于消费者网络使用行为研究大多集中于探讨如何采纳与使用网络，特别是将研究重点放在采纳意向和采纳行为的前提条件上，即研究影响其意向的因素。但是初始的采纳只是网站成功的第一步，要取得最后的成功，网站必须不断地改变自己以维持同使用者的长期关系，因此，与网络消费者持续行为有关的研究逐渐增多。纵览文献，现有的研究主要集中于对意向、采纳与持续使用的研究及其影响因素的探讨，基本上概括了行为研究的各个方面。其中影响因素是建立行为框架、形成机理及行为模型的关键因素。本研究认为网络粘性是一种具有心理依赖的持续使用行为，是随时间演进变化的行为。也就是说，消费者并非一开始就出现粘附于网络的行为特征，而且不同的消费者粘附于网络的程度也有强有弱。粘性行为从无到有、由弱变强是伴随着消费者网络使用行为的转变而产生的。

鉴于此，对于消费者网络粘性形成机理的探讨，应当建立在网络消费者从采纳开始，经过持续使用，直至粘性产生这一行为演进过程的研究基础之上，这一过程将最终构成网络消费者粘性行为形成机理研究框架的关键阶段组成。而厘清这一过程及其各个影响因素，将有助于对网络粘性有更进一步的认识。

## 第三节 消费者网络粘性干预机制研究综述

网络粘性和网络成瘾都是持续使用行为的表现，其主要区别体现在三个方面，即对网络的依赖程度不同，控制其可用的手段不同以及行为后果的差异性。目前网络粘性行为研究基本处于起步阶段，人们对网络粘性行为的认识还存在诸多不足，对其还不够重视，干预研究更是近乎空白。因此，对粘性行为的干预首先应从现有的网络成瘾干预思路和干预方法中寻求借鉴，从而尝试使用其中可行的方法对网络粘性行为进行干预。

## 一 网络成瘾干预研究

网络成瘾的干预是指在诊断的基础上，对沉迷网络难以自控并自愿戒除者，综合采用各种方法和步骤，使其能自律网络使用行为并恢复正常生活状态的过程。李欢欢（2006）指出，目前网络成瘾的干预方法可以分为基于发展价值取向的预防性方法和基于阶段价值取向的矫正性方法。虽然预防为主是几乎所有研究者的共识，但是目前比较成熟的方法依然是矫正性方法。其中国外的干预方法一般致力于通过个体认知改变而达到上网行为改变的目的，而国内的研究更多地从外部环境改变入手进行干预设计，力求通过外部环境变化达到行为转变的目的。具体地讲，目前国外的网络成瘾心理干预主要以认知行为干预为主，其主要方法如下。

（一）Young 的干预方法

1998 年，作为网络成瘾研究方面的知名学者，杨提出由于网络的社会性功能，传统的节制式干预模式较难对网络成瘾患者奏效，因此她提出了以下改进的干预方法：1. 相反时间上网：即通过建立新的上网时间表来打破已经形成的不良上网习惯；2. 外部制止物：通过闹铃或有时间提醒的软件来提醒下线，或采用更为极端的方法（如拔掉电源）强制离开网络；3. 设定目标：设定上网计划，明确要完成的任务和需要的时间，以免无目标地盲目逛网；4. 节制：对于特别痴迷的上网内容进行删除和加密；5. 提醒卡片：由成瘾者自己写出沉迷网络的害处和不使用网络的好处，制成卡片随身携带，提醒自己；6. 个人清单：帮助成瘾者列出由于沉迷网络而失去参与活动的清单，从而认识到这些活动带来的生活质量的提高；7. 支持小组：让成瘾者参与到社会团体中，在需要时得到来自现实生活中的帮助；8. 家庭治疗：让成瘾者得到来自家庭成员的协助，提供认知和情感上的帮助。

（二）Davis 的认知行为干预

2001 年，戴维斯在其认知—行为模型研究的基础上，提出了 7 阶段的认知行为系统干预方案：1. 定向（orientation）：让成瘾者在认识网络成瘾的性质、产生原因等的基础上详细列出戒断目标；2. 规则（the rules）：与成瘾者讨论在治疗期间必须遵循的基本规则，包括一些具体要求；3. 等级（hierarchy）：帮助成瘾者制订计划以消除与上网体验相联系的强化物；4. 认知重组（cognitive restructuring）：重新建构对从网络中获得的愉快体验的认知评价；5. 离线社会化（offline socialization）：学会在现实生活中有效地与他人交往；6. 整合（integration）：与患者讨论线上、线下的自我，使他们意识到上网只是探查理想自我的一种方式，并引导其在现实生活中将理想和现实自我统一起来；7. 通告（debriefing）：一起回顾整个治疗过程，并讨论在这段时间中所学到的东西、已经达到的具体目标以及症状减轻了多少等。

（三）Hall 的认知疗法

2001 年，豪（Hall）提出认知疗法是治疗网络成瘾的理想方法，他认为这一疗法主要包括的步骤应为：1. 找出当前面临的主要问题：如学习困难、上网过多等；2. 识别与问题相关的自动想法及情绪、行为问题：如认为自己是一个失败者、永远也戒不掉网瘾等；3. 识别不合理的信念：发现自己信念中不合理的部分；4. 识别认知不良：包括主体认知不良和客体认知不良，如我在网下是无用的等；5. 学会认知技术、问题解决技术、沟通交流技术等，减少上网时间。

除上述国外的认知行为干预方法外，国内学者在网络成瘾的干预方法方面也做了多方探索，其中主要包括：杨容（2005）的行为疗法、认知疗法；杨放如等（2005）的焦点解决短期疗法为主、家庭治疗为辅的方法；陶然等（2007）的五位一体干预模式等。杨容等采用团体心理干预的方式对 23 例中学生网络成瘾者进行干预，干预后成瘾者的生活无序感、心理防御方式和人际关系评分均有所降低。杨放如等对 52 例网络成瘾者进行了心理社会综合干预，取得了较好的效果。我国学者陶然在对网络成瘾干预误区进行分析之后提出，网络成瘾是一种复杂的社会现象，它的成因由个体的生理、心理、家庭及社会环境因素共同构成。因而其治疗干预需要全方位、系统科学的设计和有效的措施。在此认识基础上，他提出了网络成瘾的五位一体综合干预模式，其主要结构内容包括：1. 医学治疗：实施医药治疗、物理治疗、身心护理等医学手段进行治疗；2. 心理治疗：在医学治疗的基础上，以个体、家庭、团体为治疗视角，运用各种心理治疗技术对成瘾者进行心理治疗和干预；3. 健康教育：开设生命教育、青春期性健康教育、健康生活教育、科学运动教育等方面的健康教育课程，激发学生珍惜生活、珍爱生命；4. 军事化训练：根据成瘾者的身心状况制订军事训练内容和强度，规范其生活起居，增强意志力、纪律性和责任心；5. 社会体验活动：组织成瘾者参加各类社会体验性活动，提供情景化体验机会，帮助其感知现实生活、锻炼生活技能。

## 二 行为改变技术及 HBM 模型

行为主义心理学认为，行为不是天生的，而是经过后天学习获得的，并具有可塑性和可观测性的特点。因此，假如出现不健康、与环境要求不相符等问题行为，则可以借助行为改变技术重塑健康行为。所谓行为改变技术，即是运用心理学原理和方法改变不良适应行为的技术。但是，影响人类行为的因素是多样的，因此行为的改变并非易事。一般而言，个体行为的改变包括三个阶段，即知识的改变、态度的改变及行为的改变。其中知识的改变是行为改变的必要前提，而态度的改变会帮助人们认识行为改变的必要性，最终行为的改变才能实现。

行为改变理论按作用对象可分为四大类：第一类是个体水平的行为改变理论，包括健康信念模式、自我效能模式和阶段变化理论；第二类是人际水平的行为改变理论，主要是社会认知理论；第三类是群组水平的行为改变理论，包括社区组织和创新扩散理论；第四类是多种理论的综合应用模式，主要包括生态学模式和格林模式。这些模式总体上都是从对行为本身的认识入手，再进行行为改变的过程。本文以 HBM 模型为基础来研究网络粘性行为的干预问题。

HBM（健康信念模式）（图 3-3）是由美国学者霍赫鲍姆等（Hochbaum et al.）于 20 世纪 50 年代初提出来的，最初用于解释人们不愿意接受疾病筛查以发现无症状疾病的原因。后来该模型一直被广泛应用于与健康相关行为的研究中，用以解释和预测个体健康行为，如研究病人的反应症状，作为制定医疗方案的参考。在过去的几十年间，HBM 模型的应用几经扩展，用以干预和改变不良行为，如吸烟行为、不良进食行为以及艾滋病的预防和干预等。本研究认为，对粘性行为的干预，最终目的同样是建立一种健康的生活方式，因此该模型可以作为粘性行为干预机制建立的基础。

HBM 模式由需求动机理论、认知理论和价值期望理论综合而成，从心理和社会角度对行为的改变做了阐释和说明，强调运用个体的信念和态度来解释和预测各种健康行为。模型的主要变量包括感知的易感性（perceived susceptibility）、感知的严重性（perceived severity）、感知的益处（perceived benefits）、感知的障碍（perceived barriers）、行动的线索/引发物（cues to action）和自我效能感（self-efficacy）。其中感知的易感性是指人们认为不健康行为给自己带来的总体危害，以及该行为导致其自身出现疾病的概率和可能性。感知的严重性是指人们感知到的行为改变可能带来的身体、心理和金钱方面的不良影响。感知的益处是人们能够感知到行为改变会给自身减少威胁和带来好处的一种认识和评价，一般而言，人们不会接受任何健康行动，除非感觉到这种行为改变会带来益处。感知障碍是一种消极的感知，即人们对可能面临的困难的主观判断，包括身体、心理、经济、时间花费上的各种障碍。行动的线索是指促使某种行为发生的因素，如我们常会在受到其他因素（身体、环境、媒体宣传等）影响后才会采取行动。自我效能感是人们对自己能成功地执行某一特定行为的一种信念（Bandura，1997），不同于 HBM 中的感知益处。1988 年，罗森斯托克等（Rosenstock et al.）建议将自我效能感加入 HBM 模型中作为一个单独的变量。感知的易感性和感知的严重性称为感知威胁（perceived threat）。后来模型得到进一步发展，各种信念的关系及其对行为转变的作用模式如图 3-3 所示。

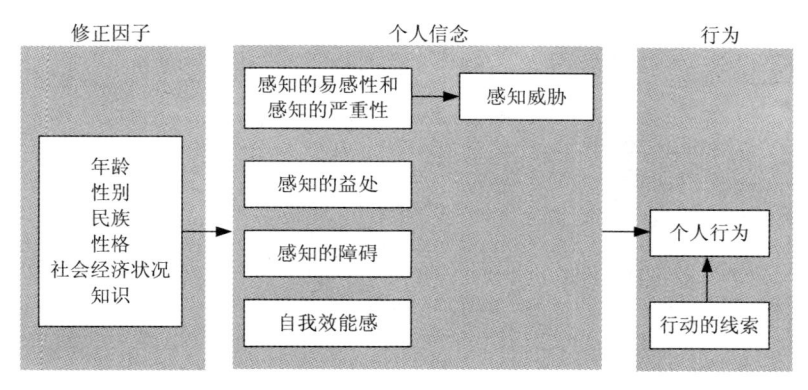

图 3-3　健康信念模式图

### 三 消费者网络粘性干预机制研究文献述评

通过对目前网络成瘾干预模式和方法的总结，可以看出，认知疗法是目前国际上比较流行和有效的网络成瘾治疗的方法，这种方法的重点在于，首先要求成瘾者对自己目前的心理、行为状况有一个比较全面、客观的认识，并有改变现状的内在要求。在此基础上，采用建立规则、树立目标等方法，逐步使成瘾者对自己、网络、社会生活等树立正确的认知，并在家庭和医生的协助下摆脱成瘾的困扰。这种方法由于有成熟的认知理论做基础，加之在实践中也取得了较好的效果而广受认可。此外，目前国内对网络成瘾的研究也较重视，其特点是干预方法和手段较之国外更加多维、立体和综合。首先是对外部环境的干预更加重视，动员了家庭、医生、团体等多种力量参与其中；其次是手段多样，医学、心理、军事等方法都被广泛运用其中。虽然网络粘性行为不能够采用完全相同的思路和干预方式，但其中的认知行为疗法可为我们提供借鉴，因此本研究认为粘性行为的干预可始于粘附者正确认知的建立，从认知入手来实现其行为改变的目的。

# 第二篇　测评体系及形成机理篇

# 第四章 消费者网络粘性概念构建

本章首先对消费者网络粘性的概念进行构建。然后，根据概念对消费者网络粘性的测量维度进行操作化定义，并利用调查数据对相关变量的测量质量进行评估。最后就消费者网络粘性的现状进行分析。

## 第一节 消费者网络粘性的概念界定

本章对消费者网络粘性的定义和维度分别进行界定和辨识。与消费者视角的消费者网络粘性行为定义相比，学者们对网站视角的网络粘性的论述更为丰富，即便是相关的消费者视角的网络粘性问题，也逃不出以促进电子商务销售为目的的分析窠臼，其研究视角大多是从企业出发，探讨如何使消费者更多粘附于网络的问题。从消费者视角出发，研究在现实中普遍存在的过度使用、依赖网络的问题，并提出改变其行为现状的建议的研究甚少。这些辨识最多为学者研究消费者网络粘性提供了可借鉴的分析框架，有助于研究者厘清网络粘性的商业用途及与重复购买等的关系，但这一视角的分析框架本身不是消费者视角的网络粘性行为的定义，概念的完善还需要研究者对消费者网络粘性的内涵进行更为准确的把握。

林（Lin，2007）关于网络粘性概念的界定为研究者定义消费者网络粘性行为提供了借鉴。对网络粘性行为的研究离不开对消费者使用频率、停留时间的研究，因此定义中提到长时间使用、重复使用，仅考虑到网站吸引能力对消费者粘附程度的影响，未能考虑网络消费者的感知和心理变化过程。

在对网络成瘾的研究中，很多研究者已经发现除去较为严重的网络成瘾，还有一些不同程度的网络问题行为存在。杨（Young）在 IAT（Internet Addiction Test）问卷设置中曾运用 Likert 五级量表将 20 个题目的最后得分进行了划分，得分在 20~39 分之间的用户完全能够控制自己的网络应用行为，可以将之划归为无风险组（no-risk group）；得分在 40~69 分之间的用户在网络应用中经常遇到问题，可将之归为中等风险组（noderate-risk group）；而得分在 70~100 分之间的用户在网络使用过程中存在重大的问题，属于高风险组（high-risk group），其中的中等风险组即可看作是具有粘性倾向及行为的群体。在戴莫查韦克斯等（Demetrovics et al.，2008）构建的问题性网络使用（Problematic Internet Use，PIU）量表中也曾发现其中存在问题群体（problem group），程度介于没有问题群体（no-problem（NP）group）和显著问题群体（significant-problem（SP）group）之间，这一群体事实上也应属于具有粘性倾向的群体。戴维斯（Davis，2001）在病理性互联网使用（Pathological Internet Use，PIU）测度研究中发现了 PIU 行为程度上的区别。鉴于各研究的目的差异，以上这些研究中虽然对不同类别群体进行了明确的数据划分，但最终仅仅关注了负面影响最大的成瘾群体，而对介于正常使用和成瘾之间的粘性群体（相关研究称为危险群体或问题群体）关注不够。对于这部分群体，网络粘性行为的存在对其自身生活和工作等方面的损害程度虽不及网络成瘾，但在使用时间和负面心理影响方面也已超过正常使用的范畴。戴维斯（Davis，2001）在研究病理性网络使用时，关注了人们的认知对行为的影响，众多学者则从心理特点研究问题性网络使用行为（Caplan，2002；Demetrovics，2008）等。若将消费者个人的网络使用状况以及心理特征一并考虑，则会得到一个普适性更强的反映消费者网络粘性行为特点的一般性定义，即认为消费者网络粘性是一种重复、持续使用网络产品和服务且伴随一定心理依赖的行为特征。在处理消费者网络粘性具体体现在哪些方面（即测量的维度）的问题时，不能将网络粘性的维度划分直接使用，需要依据消费者具体的行为表现和心理特征而定。

## 第二节　消费者网络粘性的测量维度

### 一　测量维度的研究基础

在测量维度的文献研究中，研究者着重从在线时间长短，使用网络的次数多少和频率高低（Telang & Mukhopady，2005），对网络的持续使用意向强烈与否（Li，2006；Pahnila et al.，2012），及对网站的忠诚度如何（赵国洪，2009；程宏，2009）等方面测度消费者的网络粘性。多数测量是通过某些外在症状的有无来进行判断的，即进行归因式的研究，这样的研究会带有一定的行为主义倾向，可能会忽略一些影响问题发生的重要因素。而基于本课题的研究视角，从消费者视角探讨网络粘性，界定网络粘性不但具有持续使用的行为特征，还同时伴有心理依赖特性，这一方面的特性和网络成瘾以及问题性网络使用行为之间有一定的联系。

　　文献回顾部分的网络成瘾及问题性网络使用行为的研究中，既体现了行为维度的测度，也关注了消费者心理维度的测量（见表4-1）。因此，对网络粘性的测量维度的研究不能仅仅考虑时间、次数、频率等行为上的表现，还应该深入挖掘消费者心理方面的表现，更清晰地揭示消费者的网络粘性行为特征和表现。可是这些测量维度在构建和使用过程中较多关注网络应用行为中的网络游戏成瘾研究。但是从第31次中国互联网发展研究报告中可以指出，即时通信、商务交易及微博等网络应用的使用逐年上升，而原来处于应用热点的网络游戏却是连年下降。因此，原有的维度和测量项目已经不能适用目前的网络应用现状。从前期国内外研究结果看，问题性网络使用主体人群集中在20～30岁之间，而且随着我国网络使用人群逐渐扩大，正在向各个年龄层次渗透，使得问题性网络使用情况在各年龄段中均有体现，显著地不同于以往的情形。在撒切尔等的测评量表形成过程中，调研的对象有一半都是IT从业者，这在很大程度上限制了量表的普适性。戴维斯的OCS量表从非适应性认知角度揭示了问题性网络使用产生的充分条件，对其后果和表现未能充分说明。中文相关的量表编制中采用的思路主要是两大类：第一类沿用杨的量表，根据是否符合症状来判定网瘾是否存在，这是绝大多数网络成瘾或问题性网络使用量表的编制方法，而且这类量表大多用于对国内学生群体游戏成瘾的测度。按照2008年国家颁布的网络成瘾诊断标准，病程标准就是网络使用时间。在目前网络使用深度和广度不断增强的现实情况下，网民使用时长明显增加，因此这一判定准则有失偏颇。以台湾学者陈淑慧所编制的中文成瘾量表为代表，第二类量表的编制一般采用李克特（Likert）量表，将最高分确定为危险群体，其余为一般群体。这样的划分方法有一定的随意性，并且样本选择的是台湾大学的学生，因此样本的一般性受限。类似的问题在雷雳编制的青少年网络成瘾量表中同样存在，该量表针对的群体也有其特殊性，推广到一般用户会受限制。

表4-1　　　　　　　网络成瘾及问题性网络使用测量维度

| 量表 | 心理维度 | 行为维度 |
| --- | --- | --- |
| 杨（Young，1996）（IAD） | 身心被互联网占据 | 减少使用会带来身心不适；在线时间超出预期；将互联网作为逃避现实的手段；需要花费更多时间上网；尝试减少使用却未成功；上网导致人际关系、工作、教育和职业机遇的损害；向他人隐瞒互联网卷入程度等 |
| 杨（Young，1998）（IAT） |  | 预期；自控缺失；过度使用；忽视工作；忽视社交；突出 |
| 格里菲思（Griffiths，2000）网络游戏成瘾测度标准 | 情绪体验；翻本欲望 | 显著性；耐受性；复发；生活冲突；社交影响；戒断反应 |
| 戴维斯（Davis，2002）（OCS） | 社交安慰；孤独/抑郁；减弱的冲动控制性；逃避 |  |
| 卡普兰（Caplan，2002）（GPIUS） | 心境改变；沮丧；孤独感等 | 负面结果；过度使用；在线社会交往偏好；强制性使用 |
| 陈淑慧等（2003）CIAS |  | 耐受性；人际与健康问题；时间管理问题；强迫性上网；戒断反应 |
| 撒切尔等（Thatcher et al.，2005）（PIU） | 身心被网络占据 | 负面影响；社会交往 |
| 刘惠军等（2007）（大学生电脑游戏成瘾问卷） |  | 时间管理；生活冲突；牺牲社交；情绪体验；戒断困难 |
| 雷雳等（2007）（APIUS） | 心境改变；社交抚慰；强迫性上网/戒断症状 | 突显性；耐受性（tolerance）；消极后果 |
| 陶然（2008）网络成瘾标准和量表 | 对网络的使用有强烈的渴求或冲动感 | 戒断困难；耐受性；固执地使用网络而不顾其明显危害性后果，即使知道网络使用的危害仍难以停止；社交影响；复发；逃避手段 |
| 戴莫查韦克斯（Demetrovics et al.，2008），（PIU） |  | 控制障碍；困扰；忽视 |

根据以上分析，本研究认为，在对问题性网络使用进行测量时应同时考虑网络消费者心理感受及行为表现，这样才能对其粘性做出更准确的判断。鉴于目前中国网民在应用类型上的特征和原有测评量表的局限性，本研究将参考前述文献中使用的量表，采用 Likert 五级量表，构建问题表述更为清晰的消费者网络粘性测量维度，以期准确地测评消费者的网络粘性行为。

**二　测量项目编制和样本搜集**

（一）测量项目编制

基于消费者网络粘性行为的概念建构过程，本研究认为消费者视角网络粘性包括两个维度，即行为表现维度和心理认知维度。由于消费者网络粘性的测量维度目前没有成熟的具可操作性的项目和测量标准，本研究试图根据对粘性概念的界定和维度构想，参照国内外测量项目，构建消费者网络粘性测量维度的具体测度项目和测量标准。

本研究首先根据已有的消费者网络粘性行为的测量维度和题目及问题性网络使用行为题目，从行为表现和心理认知两大维度出发，编制粘性测度的半开放式问卷，同时请有关专家和教师对问卷进行修改以保证问卷项目的表述能适用于中国网络消费者，利用学校的便利性，对学生中的网络消费者群体进行个别访谈，根据访谈结果，拟定出粘性问卷的预测题项。在此基础上，随机选取部分样本施测。在这个过程中，请被试者指出表述不清，难以理解或有其他疑问的项目，然后加以修改或删除，共形成表4-2中的16个测试项目。

表4-2　　　　　　　　　　初测项目列表

| 题项 |
|---|
| 1. 我更愿意上网而不是和亲密的朋友待在一起 |
| 2. 上网影响到了我的工作效率和学习成绩 |
| 3. 我试图想办法减少上网时间但失败了 |
| 4. 我无法控制自己减少使用该项网络应用的时间 |
| 5. 我曾经想不使用该项网络应用了，但后来又回到原来的状态 |

续表

| 题项 |
|---|
| 6. 我离线后心里还想着上网的事情 |
| 7. 即使没有使用该项网络应用，我也常常不由自主想起与之有关的事情 |
| 8. 我因为熬夜上网而损失睡眠 |
| 9. 我发现自己总以再等几分钟为借口拖延下线时间 |
| 10. 与家庭、学校或单位生活相比，我上网时感觉最舒服 |
| 11. 我上网被打扰时会情绪失控 |
| 12. 我正在使用该项网络应用时，如果因故必须停止会让我觉得心烦意乱 |
| 13. 我发现自己很期待再次上网 |
| 14. 我经常忘记要做的事情而把更多的时间花在上网上 |
| 15. 我上网的时间比原计划的长 |
| 16. 当我使用该项网络应用时，我感觉时间过得特别快 |

为了进一步检验问卷的质量，由专题小组针对表述不清及意思重复的题项进行讨论，删掉第4题及第7题，其原因在于第4题与第3题意思相似，都是指减少上网时间而无法做到；第6题与第7题语义相似，差异甚微，于是删除第7题，最终保留第3、第6题。量表采用李克特五级量表记分，即非常同意为5分，非常不同意为1分的计分方法，形成自评量表。为了增加问卷的可信度，加入了4道测谎题作为剔除无效问卷的参考标准。

（二）数据获取

1. 正式调研问卷的发放与回收

本章的分析数据及第四章的实证分析数据均来自专业调研公司发放互联网问卷和个人社会网络关系发放两种途径。调查的对象是中国境内使用过网络的用户。尽管没有抽样框可用，但调查试图覆盖网络用户所使用的商务交易、娱乐游戏、交流沟通以及信息获取应用等所有网络应用。调查方式采用的是抽样调查，调查方法采用自陈式问卷调查的方法。通过个人的社会网络发放并回收有效问卷633份，调查公司通过随机获取调查对象，回收有效问卷2612份，最终调查回收有效问卷3145份，被调查的所有用户均使用过互联网的某项网络应用。表4-3是接受调查者的人口统计分布情况。

表 4-3　　　　　　　　　　　　　样本基本特征表

|  | 数量 | 百分比（%） |  | 数量 | 百分比（%） |
| --- | --- | --- | --- | --- | --- |
| 性别 |  |  | 职业 |  |  |
| 男 | 1719 | 52.97 | 小学、初高中生 | 96 | 2.96 |
| 女 | 1526 | 47.03 | 大学生 | 141 | 4.35 |
| 年龄 |  |  | 公务员 | 256 | 7.89 |
| 6~14 岁 | 20 | 0.62 | 企事业单位 | 1859 | 57.29 |
| 15~24 岁 | 925 | 28.51 | 农民 | 9 | 0.28 |
| 25~35 岁 | 1673 | 51.56 | 自由职业 | 392 | 12.08 |
| 36~45 岁 | 471 | 14.51 | 无业/下岗 | 76 | 2.34 |
| 46~60 岁 | 148 | 4.56 | 其他 | 416 | 12.82 |
| 婚姻状况 |  |  | 收入 |  |  |
| 单身 | 1600 | 49.31 | 无收入 | 309 | 9.52 |
| 已婚 | 1645 | 50.69 | 1000 元以下 | 148 | 4.56 |
|  |  |  | 1000~3000 元 | 1512 | 46.59 |
| 学历 |  |  | 3000~5000 元 | 868 | 26.75 |
| 初中及以下 | 80 | 2.47 | 5000 元以上 | 408 | 12.57 |
| 高中 | 432 | 13.31 |  |  |  |
| 大专 | 944 | 29.09 | 网络应用 |  |  |
| 大学本科 | 1555 | 47.92 | 商务交易 |  |  |
| 研究生 | 234 | 7.21 | 娱乐游戏 |  |  |
| 区域 |  |  |  | 831 | 25.61 |
| 东部 | 1201 | 37.01 |  | 816 | 25.15 |
| 中部 | 950 | 29.28 | 信息获取 | 800 | 24.65 |
| 西部 | 1094 | 33.71 | 交流沟通 | 798 | 24.59 |

**2. 调查质量控制与评价**

问卷回收之后对数据进行了录入与清洗。这一过程中均执行了严格的质量控制程序，调查数据虽然存在一些误差，但在可接受的水平上。数据被录入到 Epidata 数据库中，通过 Epidata 的附带程序对数据进行了检验。在数据录入完毕之后，等距抽样 5% 的样本进行重复录入来检验数据录入的准确性。两次数据录入有一定的不一致率，问卷的不一致率为 0.8%，说明数据录入质量还是比较可靠的。

在数据录入完成以后，针对问卷内容和结构的逻辑性编制了计算机程序对每份问卷的逻辑一致性进行检验，生成错误报告，根据报告对有逻辑问题的记录，寻找原始问卷进行核对，根据问卷内容进行修改并再录入。问卷修改后再次运行计算机程序对有问题的记录进行检验、生成错误报告、复核问卷并修正错误。数据清洗程序前后总计运行四次后，逻辑检错全部通过，程序再没有错误报告。

CNNIC 2013 年 7 月初发布的中国互联网研究报告显示，截至 2013 年 6 月底，中国网民中男性占比为 55.6%，比女性高出近 10 个百分点。近年来中国网民性别比例保持基本稳定。随着中国网民增长空间逐步向中年和老年人群转移，截至 2013 年 6 月底，30 岁以上各年龄段人群占比均有不同程度的提升，总占比为 46.0%，相比 2012 年底提升了 2.1 个百分点，说明我国互联网的普及逐渐从青年向中老年扩散，中老年群体是中国网民增长的主要来源。网民向低学历人群扩散的趋势在 2013 年上半年继续保持，小学及以下、初中学历人群占比均有上升，其中初中学历人群升幅较为明显，显示出互联网在该人群中渗透速度较快。网民职业中，学生占比为 26.8%，远远高于其他群体。比较历年数据，与网民年龄结构变化相对应，学生群体占比基本呈现出连年下降的趋势。网民中月收入在 500 元及以下和无收入的人群占比分别为 14.9% 和 8.9%，相比 2012 年底有所提升。移动设备价格的不断走低使得互联网在低收入人群中的普及加快。2013 年，中国网民平均每周上网时长增至 25.0 小时。一方面，网民通过手机等移动终端上网，有效利用了碎片时间，提升了网民的上网时长；另一方面，网民对一些传统互联网的应用深度不断提升，明显增加了使用时长，比如手机网民逐渐从碎片化的阅读、新闻等相对简单的应用向时长较长、粘性较大的社交、生活服务类应用发展，提升了对互联网的整体使用时长。

由表 4-3 可以看出，本次调查的有效问卷样本中男女基本平衡；样本主要分布在 25~35 岁，占样本总量的 51.56%，其次是 15~24 岁，占总量的 28.51%；样本中学历为本科的最多，占到了样本总量的 47.92%；职业以企事业单位员工居多，共有 1859 人，占到样本总量的 57.29%。

可见本研究的调查对象与 CNNIC 调查的性别、年龄段、学历、职业和收入等的分类相一致，说明本调查具有较高的可靠性，同时上网时长的增加也使得取样具有较高的网络用户粘附的特性，符合调研的目的。

（三）问卷信、效度检验

信度（Reliability）又叫可靠性，是指测量的可信程度，也指运用同一量表对同一事物进行反复测量时所得结果的一致性程度。

数据信度指一组计量项目是否在计量同一概念，即使用量表进行重复测量后产生一致性结果的程度。被调查者在填写问卷时会受到各种随机因素的影响而带来随机误差，而信度分析（Reliability Analysis）所得出的信度系数，可以用来判断数据的可靠性和一致性，以确保误差在允许的范围内。信度分析常有以下三种评价方法。

1. 稳定性（Stability）

对同一受测者运用同一测试工具进行前后两次测量，若两次测量的结果前后一致，则认为该测试方法具有稳定性。该种评价方法常运用于实地研究中的直接观测法，而对于问卷法，由于时间精力的关系以及受测者情绪的影响，很难进行重复测量。

2. 等值性（Equivalence）

对不同观测者运用同一测试工具进行测量，考察测试结果的差异。这种评价方法主要关注同一时点、不同人员对某测试项目带来的测试误差，同样常见于实地研究。

3. 内部一致性（Internal Consistency）

内部一致性即同质性，是指观测项目之间的内部一致性。根据以上分析，由于本研究的量表设计参考了前人的量表并考虑了研究对象的特点，需要考查各问项之间的同质性，由于难以进行重复测量，因此本研究的信度检验采用内部一致性的评价方法。内部一致性信度的测算方法也较多，包括克朗巴哈阿尔法（Cronbach's α）信度系数、分半信度等，而适用于对李克特量表所得数据进行信度分析的是克朗巴哈阿尔法系数，因此本研究采用克朗巴哈阿尔法系数来进行量表的信度分析。

该量表的克朗巴哈阿尔法系数为 0.912，4 个维度的 α 信度系数分别为 0.847、0.888、0.712 和 0.707，基于 AMOS 的组合信度分别为 0.9272、0.8731、0.8515 和 0.7972，并且所有的 P 值均具有较强的统计显著性，说明测量模型具有很好的内部一致性，从而量表的信度得到检验。

信度是效度的必要条件，但不是充分条件，在对构造变量进行信度分析之后，还必须对其进行效度分析。效度（Validity）即测量的准确度或有效性，是指测量工具能够准确、客观地反映事物属性的程度。效度分析即是测量量表是否能够准确客观地反映出研究目的。效度分析由卡曼（Carmines）于1979年提出，是指指标能够衡量出所测量事物的真实程度。在诸多效度中最常使用的是内容效度和结构效度。

内容效度（Content Validity）也称逻辑效度，是一个主观评价指标，是对量表的内容表现特定测量任务优劣程度的评价。内容效度高既意味着概念变量的内容都应在测量中予以体现，也意味着项目测量应该尽量抽样到或包含到此"定义空间中的所有设想"。它可以通过检查项目产生的过程对其进行判断。

在内容效度方面，本研究问卷基于初始调研和已有的文献设计，并进行了反复修改最终确定而成，因此量表具有较好的内容效度。

结构效度是指量表测量变量间关系的系列假设的能力，反映了理论层次的抽象概念与可测量指标之间的符合程度。结构效度通过收敛效度和区别效度显示。收敛效度指当测量同一变量的多重项目彼此聚合或有关联时所存在的效度，主要用于考察测量项目与其测量的变量之间关系的紧密程度，紧密程度越高表明问卷设计越科学。区别效度是指当一个变量的多重项目相聚合或呼应时，这些多重项目应与其相对立变量下测量项目负相关或者弱相关。这种相关程度越低，区别效度就越高，问卷质量就越好。本研究的效度检验在验证性因子分析中进行。

### 三 探索性因子分析

本章将搜集到的样本分为两部分：第一部分数据（样本1，总共选取1618个样本）进行探索性因子分析；第二部分数据（样本2，共计1595个样本）对量表进行效度检验。探索性因子分析采用主成分分析法，因子旋转采用最大正交旋转法。

对样本的KMO值和Bartlett测试结果显示，原始数据适合做因子分析（KMO = 0.932，卡方值为14601.064，df = 91，p = 0.000）。采用主成分分析法，以最大正交旋转法对数据进行探索性因子分析，取特征根大于1的因子，共抽取出4个公因子，4因子累积方差解释率也达到75%，探索性因子分析结果见表4-4。在本研究中，14个题项的因子载荷中除了第

5 道题目和第 16 道题目的因子负荷小于 0.5，其余各项目均大于 0.5，较好地负荷在各自的因子上，符合利德（Leader）等认为应以 0.5 作为取舍项目的临界值的标准，但是第 12 道题目横跨两个因子的载荷都大于 0.5，区分度不高，因此从中删除，其余各个项目均予以保留。

表 4 – 4　　　　　　　　　探索性因子分析结果

|  | 因子 1 | 因子 2 | 因子 3 | 因子 4 |
| --- | --- | --- | --- | --- |
| Q9 | 0.837 | | | |
| Q5 | 0.43 | | | |
| Q6 | 0.829 | | | |
| Q3 | 0.804 | | | |
| Q13 | 0.736 | | | |
| Q11 | | 0.832 | | |
| Q12 | | 0.715 | | 0.535 |
| Q10 | | 0.704 | | |
| Q15 | | | 0.795 | |
| Q16 | | | 0.379 | |
| Q14 | | | 0.673 | |
| Q1 | | | | 0.741 |
| Q2 | | | | 0.673 |
| Q8 | | | | 0.67 |

### 四　验证性因子分析

为了进一步检验消费者网络粘性行为测量题项的效度，本研究针对另一半样本（1595 个）进行一阶验证性因子分析。

在进行一阶验证性因子分析时，使用探索性因子分析后形成的 11 个题项，4 个因子为潜变量，根据一阶验证性因子分析结果可以看出（见表 4 – 5），除了 $\frac{\chi^2}{df}$ 因为受到样本数影响较大导致指标不符合要求以外，模型其他的拟合指标都满足方程拟合的标准，模型与数据之间有很好的拟合性。

表 4-5　　　　　　　验证性因子分析拟合指标与建议值比较

| 指数 | $\chi^2/df$ | RMSEA | GFI | NFI | CFI | PGFI |
|---|---|---|---|---|---|---|
| 观测值 | 20.935 | 0.088 | 0.908 | 0.926 | 0.929 | 0.523 |
| 建议值 | <3 | <0.10 | >0.9 | >0.9 | >0.9 | >0.5 |

表 4-6 显示了验证性因子分析中各变量之间的路径系数和 P 值，其中所有的 P 值均小于 0.001，路径关系显著。探索性因子分析得出的 4 个因子与 11 个题项的关系是存在且稳定的。

表 4-6　　　　　　　　　验证性因子分析结果

| 四个维度 | 测量题项 | 因子载荷 | P 值 | 组成信度（CR） | 变异抽取量（AVE） |
|---|---|---|---|---|---|
| 上网渴求 | Q9 | 0.844 | *** | 0.667 | 0.889 |
|  | Q6 | 0.837 | *** |  |  |
|  | Q3 | 0.848 | *** |  |  |
| 情绪安慰 | Q13 | 0.732 | *** | 0.557 | 0.715 |
|  | Q11 | 0.736 | *** |  |  |
|  | Q10 | 0.756 | *** |  |  |
| 时间拖延 | Q15 | 0.734 | *** | 0.540 | 0.701 |
|  | Q14 | 0.735 | *** |  |  |
| 生活影响 | Q1 | 0.786 | *** | 0.657 | 0.851 |
|  | Q2 | 0.852 | *** |  |  |
|  | Q8 | 0.791 | *** |  |  |

从表 4-7 可以看出，对工作和生活影响维度与心理依赖维度的相关程度较高，相关系数为 0.959，需要进一步验证粘性测评量表的结构效度，根据表中显示的维度之间的相关关系，本研究另设置了三个放宽条件的模型，分别是单维度模型、双维度模型和三维度模型。单维度模型中包含所有维度，双维度模型中将对工作和生活影响维度与心理依赖维度合并，将情绪感受和时间管理合并，在三维度模型中将双维度模型中的情绪感受和时间管理拆开，各成一个维度，四维度模型即本研究开始验证的模

型，表4-8列出了这四个模型的拟合指数。

表4-7　　　　　　　　　　　各维度间相关系数表

| | 生活影响 | 上网渴求 | 情绪安慰 | 时间拖延 |
|---|---|---|---|---|
| 生活影响 | 1 | | | |
| 上网渴求 | 0.959 | 1 | | |
| 情绪安慰 | 0.568 | 0.501 | 1 | |
| 时间拖延 | 0.721 | 0.621 | 0.652 | 1 |

表4-8　　　　　　　　　　　各模型的拟合指数

| | $\chi^2$ | df | RMSEA | GFI | NFI | CFI | $\chi^2$减少 | 自由度减少 |
|---|---|---|---|---|---|---|---|---|
| 单维度模型 | 1695.2 | 44 | 0.153 | 0.807 | 0.842 | 0.845 | | |
| 双维度模型 | 1104.48 | 43 | 0.094 | 0.877 | 0.897 | 0.901 | 590.72 | 1 |
| 三维度模型 | 884.9 | 41 | 0.133 | 0.898 | 0.918 | 0.921 | 219.58 | 2 |
| 四维度模型 | 795.54 | 38 | 0.088 | 0.908 | 0.926 | 0.929 | 89.36 | 5 |

从表4-7和表4-8中可见，尽管粘性测评量表某些维度间存在较高相关关系，但是从模型拟合程度的比较来看，双维度模型和四维度模型都有较好的拟合优度，但是从双维度模型到四维度模型自由度减少了5个，$\chi^2$减少了89.36，大于15.806（df=5，a=0.01时$\chi^2$的临界值），因此可以接受，再考虑其他拟合优度指标的变化，发现四维度模型更适合数据反映出的信息。

收敛效度主要是通过验证性因子分析来检验，见表4-6，测量项目在相应的一阶潜变量上因子负载均在0.7以上，并且非常显著，说明概念测量具有较好的收敛效度。判别效度主要通过计算平均抽取方差（AVE）来检验，反映潜变量的测量指标与测量误差相比，在多大程度上抽取了此潜变量的变化。表4-6中AVE值均大于0.7，CR值均大于0.5，表明测量模型具有较好的判别效度。

上述通过探索性因子分析和一阶验证性因子分析，确定了消费者网络粘性测评维度，各指标因子载荷都超过了0.5的临界值，且在5%水平上显著，说明粘性行为维度模型具有较好的收敛效度。因子通过了区分效度检验，并且因子之间的相关系数较高（都接近或超过 0.5），且表明各因子既能独立测量粘性行为的不同方面，也能测量粘性行为这一相同内容，这些因子可能存在高阶因子。粘性行为一阶因子模型拟合指数为 RMSEA = 0.088，说明数据拟合效果较好。为了简化模型，进一步构建二阶因子模型。二阶因子模型拟合结果如图 4-1 所示，$\chi^2/df = 4.566$，RMSEA = 0.079，与一阶因子模型相比，RMSEA 等指标并没有发生显著变化，二阶因子模型更简洁。

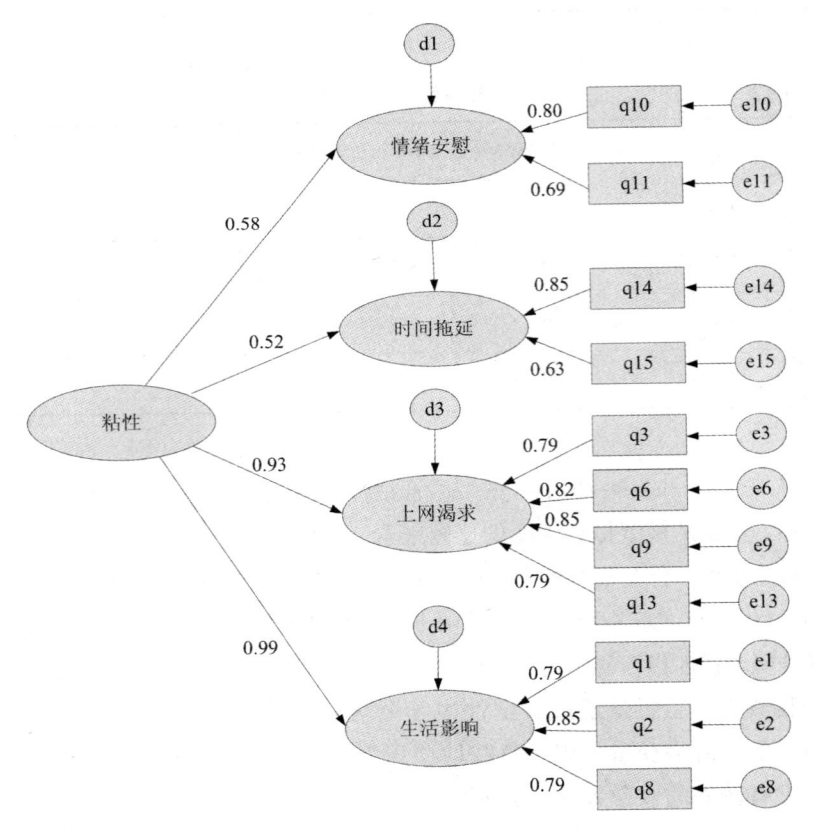

图 4-1 消费者网络粘性测量维度的二阶因子模型

下面将通过二阶验证性因子分析方法确定指标对一阶因子、一阶因子对二阶因子的因子载荷，标准化后的因子载荷衡量了指标与一阶因子、一阶因子与二阶因子的关联程度。根据相关性权重法，将标准化因子载荷归一化处理，即可得到各指标对应的权重。归一化公式为：

$$\rho_{ij} = \lambda_{ij} \Big/ \sum_{j=1}^{n} \lambda_{ij} \qquad (4-1)$$

$\rho_{ij}$ 为一阶因子 $i$ 的第 $j$ 个指标的相应权重，一阶因子的权重确定使用相同方法。二阶因子具体测量方法为：

$$\text{Stic} = \sum_{i=1}^{h} \beta_i \Big[ \sum_{j=1}^{k} \rho_{ij} m(i,j) \Big] \qquad (4-2)$$

其中 Stic 代表粘性，$m(i,j)$ 表示一阶因子 $i$ 的第 $j$ 个指标的分值，$\beta_i$ 表示一阶因子 $i$ 的权重，$h$ 表示一阶因子的数目，$k$ 表示一阶因子对应的相应指标数目。

## 五 测量维度权重的确定

与传统因子分析相比，二阶因子模型能更加真实地反映网络粘性各测评指标与维度的内在联系，结构方程模型允许指标的测量误差存在，而传统的因子分析法无法控制其他变量的影响。且在提取公因子时都存在不同程度的信息损失，其得出的因子载荷就不如结构方程模型准确。具体权重分布见表 4-9。

表 4-9 　　　　　网络粘性测评指标权重分布表

| 一级指标 | 二级指标 | 题项权重 |
|---|---|---|
| 粘性 | 生活影响（19.21%） | 1. 我更愿意上网而不是和亲密的朋友待在一起（32.51%） |
| | | 2. 上网影响到了我的工作效率和学习成绩（34.98%） |
| | | 8. 我因为熬夜上网而损失睡眠（32.51%） |
| | 上网渴求（17.22%） | 3. 我试图想办法减少上网时间但失败了（24.31%） |
| | | 6. 我离线后心里还想着上网的事情（26.33%） |
| | | 9. 我发现自己总以再等几分钟为借口拖延下线时间（26.15%） |
| | | 13. 我发现自己很期待再次上网（24.31%） |
| | 情绪安慰（30.79%） | 10. 与家庭、学校或单位生活相比，我上网时感觉最舒服（53.69%） |
| | | 11. 我上网被打扰时会情绪失控（46.31%） |
| | 时间拖延（32.78%） | 14. 我经常忘记要做的事情而把更多的时间花在上网上（57.43%） |
| | | 15. 我上网的时间比原计划的长（42.57%） |

表 4-9 列示了网络粘性测评体系的指标权重，显示了变量与二级指标，二级指标与粘性程度之间的贡献关系大小，个体可通过该体系对自己的粘附程度进行测评，而且还可了解自己在不同维度的表现程度。

### 六 测量标准的确定

本研究的分析对象是消费者网络粘性行为，对这一程度的定量确定在先前的研究中，其标准的确定方法一直存在争议，而且由于量表没有统一，对该问题一直没有公认的解决方案。

由于本量表不同于杨的二分量表，也和其他的五级量表的维度不同，所以本研究在确定不同的问题性网络使用类型时不能照搬原来的标准，而是根据均值标准差的方法确定。在戴莫查韦克斯（Demetrouics，2008）对问题性网络使用行为的研究中曾采用此种方法有效地区分了不同的使用行为。被调查者将根据其均值偏离标准差的程度被分成四类（均值 3.12，标准差为 0.71），其中第一类 PIU 分数总和小于一个标准差，这一类被称为正常群体；PIU 分数在正负一个标准差之间的人群被划分为低风险群体；第三类则是 PIU 分数超过一个标准差而小于两个标准差之间的人群，这类人群属于高风险群体；最后一类则为 PIU 分数超过两个标准差的人群，这类人群的 PIU 量表得分较高，属于成瘾群体。将探索性因子分析和验证性因子分析所用样本按此标准划分，具体划分见表 4-10，用 stic 表示个体的粘性测量维度的分数。

表 4-10　　　　　　　　　　测量标准

| 类别 | 样本 | 比例（%） | 分数 | 均值 | 标准差 |
| --- | --- | --- | --- | --- | --- |
| 正常 | 498 | 15.38 | $stic \leq 2.41$ | 2 | 0.36 |
| 低黏度 | 2160 | 66.56 | $2.41 < stic \leq 3.84$ | 3.11 | 0.37 |
| 高黏度 | 518 | 15.96 | $3.84 < stic \leq 4.55$ | 4.05 | 0.15 |
| 成瘾 | 69 | 2.13 | $stic > 4.55$ | 4.82 | 0.17 |

后面根据显著性检验发现（见表 4-11），按照分数将人群分为四个组群，不同的组群在总分及各个维度上都有显著性的差异。说明按照这个

标准能够将人群进行清晰的区分。

表4-11　　　　　　　不同组别在量表不同维度上的差异

| | | N | 均值 | 标准差 | F | 显著性 |
|---|---|---|---|---|---|---|
| 生活影响 | 正常 | 498 | 1.53 | 0.47 | 1944.978 | 0.000 |
| | 低黏度组 | 2160 | 2.63 | 0.64 | | |
| | 高黏度组 | 518 | 4.01 | 0.33 | | |
| | 成瘾组 | 69 | 4.80 | 0.32 | | |
| | 总数 | 3245 | 2.73 | 0.95 | | |
| 上网渴求 | 正常 | 498 | 1.48 | 0.46 | 2015.063 | 0.000 |
| | 低黏度组 | 2160 | 2.56 | 0.62 | | |
| | 高黏度组 | 518 | 3.93 | 0.31 | | |
| | 成瘾组 | 69 | 4.77 | 0.30 | | |
| | 总数 | 3245 | 2.66 | 0.94 | | |
| 情绪安慰 | 正常 | 498 | 2.44 | 0.90 | 556.563 | 0.000 |
| | 低黏度组 | 2160 | 3.44 | 0.69 | | |
| | 高黏度组 | 518 | 4.07 | 0.44 | | |
| | 成瘾组 | 69 | 4.66 | 0.57 | | |
| | 总数 | 3245 | 3.41 | 0.86 | | |
| 时间拖延 | 正常 | 498 | 2.28 | 0.78 | 778.184 | 0.000 |
| | 低黏度组 | 2160 | 3.34 | 0.68 | | |
| | 高黏度组 | 518 | 4.07 | 0.40 | | |
| | 成瘾组 | 69 | 4.84 | 0.27 | | |
| | 总数 | 3245 | 3.33 | 0.86 | | |

以性别为自变量，分别以四个子维度及总评价分数为因变量进行ANOVA分析，考察粘性行为是否存在性别差异。结果发现，在总体粘性程度的比较上，性别差异显著，$F(1, 3243) = 10.91$，$P < 0.05$，男性的粘性程度（32.77）显著高于女性（31.79）。对工作和生活影响维度和情绪安慰维度，男性表现程度都较女性明显。在情绪安慰维度和时间拖延维度，男性和女性没有显著的差异。用同样的方法分析粘性在其他人口变

量上的特征表现，发现不同的婚姻状况人群不存在粘性总体的差异。但是在情绪安慰维度，单身（丧/离）与已婚人群有显著差异。不同家庭结构的人群之间不存在粘性总体的显著差异，并且在四个维度上也不存在差异。网龄的不同在粘性的心理依赖维度、情绪安慰维度和时间管理维度上均存在显著的差异，网龄越长，这几个维度的值越高，并且粘性总体的取值也较高。在职业的差异方面，粘性在不同职业人群中的表现有明显差异，特别是情绪安慰维度，如职业为企事业单位员工、公务员以及自由职业者在情绪安慰维度的得分与职业为农民的人群在该维度的得分有显著的差异，前者明显高于后者。在情绪安慰维度的差异也体现在不同收入、不同区域人群以及不同年龄人群之间。收入越高，在情绪安慰维度的表现越明显。并且东部地区网络消费者较之西部地区网络消费者在情绪安慰维度的得分高，感受更为强烈。不同年龄段的网络消费者其粘性没有明显的差异，只有15~24岁与25~35岁的网络消费者群体在情绪安慰维度上的表现具有显著性，并且后者在此维度的得分明显高于前者。不同学历人群的粘性表现差异明显，尤其是在对工作和学习的影响维度和心理依赖维度上，学历越高的人群在这两个维度上的得分越低。具体均值和标准差见附录3。

根据上述网络粘性群体的划分标准，本研究"网络粘性群体"的检出率为82.52%，其中包括低黏度群体66.56%和高黏度群体15.96%，"网络成瘾群体"为2.13%，"网络使用正常群体"为15.38%。粘性行为的平均数和标准差见表4-11。参考国内外文献的研究成果，国外已有的网络成瘾的检出率为2.9%~18.3%，有的研究为6%~14%，国内的检出率为2.4%~15%，但是这些研究成果多为2007年前后的文献，随着网络普及率的提高，网络使用程度的加深，加之量表越来越多样化，本研究认为2.13%的网络成瘾群体检出率是适当的。

本研究经过探索性因子分析和验证性因子分析，确定了包含11个题目的网络粘性测评量表，经检验，量表具有较好的信度和效度。并运用均值标准差的方法划分出网络粘性群体。经过显著性检验发现，不同组别之间在各个维度上均有显著的差异，说明此方法能有效区分不同的网络使用情况。

## 第三节　消费者网络粘性状况测评实例

在上述分析中，本研究构建了消费者粘性行为测量量表，针对中国网络消费者的情况，本研究在接下来的分析中将采用上述量表对抽取的中国消费者网络粘性进行测评，提取出中国消费者网络粘性的大致特征。

人们认识某类事物时往往先对这类事物的各个对象进行分类，以便寻找其中的相同点与不同点。统计学中研究这种"物以类聚"问题的有效方法是聚类分析法，它属于统计分析的范畴。聚类分析的实质是建立一种分类方法，它能够将一批样本数据按照它们在性质上的亲密程度，在没有先验知识的情况下自动进行分类。这里所说的类就是一个具有相似性的个体的集合、不同类之间具有明显的区别。

聚类分析是一种探索性的分析，在分类的过程中，人们不必事先给出一个分类的标准，聚类分析能够从样本数据出发，自动进行分类。聚类分析所使用的方法不同，常常会得到不同的结论。不同研究者对同一组数据进行聚类分析，所得到的聚类数未必一致。也就是说，在聚类分析之前，研究者还不知道独立观察组可以分成多少个类，类的特点也无从得知。因此聚类分析是一种探索性的分析方法。

本研究调查获取样本3245个，根据上述测评体系和粘性的测度标准，区分出低风险组（2160个样本）和较高风险组（518个样本），共计2678个样本，占总样本数目的82.52%。为了进一步探究粘性不同群体的行为特征，本研究将使用聚类分析的方法将粘性对象划分为不同的人群，研究每一类群体的差异化和人口统计特征，以便于为后续干预机制的制定提供实证依据。

由于本研究样本数量多，故采用k-Means聚类法聚类，以测评体系中的心理与行为维度作为分层变量，将最相似对象结合在一起，对样本分组并将各样本值并入各类之中。

在k-Means聚类法中，聚类的数目一般是人为确定的，本研究从两类开始，逐次测算，根据方差分析的结果判断，最终将2678个粘性个体分为四类，四个不同的类别之间存在显著差异，并且从各个类别在不同维度的表现看，也具有较强的区分度。

粘性个体被分为四类后，类别一的数目为609，占比22.75%，类别二的数目为573，占比21.39%，类别三的数目为722，占比26.97%，类别四的数目为774，占比28.89%，具体结果见表4-12，更详尽的数据由于篇幅所限，本研究将数据放在附录D中。

表 4-12　　　　　　粘性按表现特征分为四类的特征分析

| | 行为 | 心理 | 各类数目 | 占比（%） |
|---|---|---|---|---|
| 第一类 | 3.06 | 3.06 | 609 | 22.75 |
| 第二类 | 2.11 | 2.98 | 573 | 21.39 |
| 第三类 | 2.32 | 3.85 | 722 | 26.97 |
| 第四类 | 3.81 | 4.02 | 774 | 28.89 |
| 总平均 | 2.83 | 3.48 | 2678 | 100.00 |

根据表 4-12 和附录 D 所示，第一类人群在行为维度有较高的表现，在生活中体现为对生活和工作产生影响，多是因为工作的需要而使用网络，本身对网络的心理依赖程度较低，此类人易于摆脱网络，但受制于工作生活的需要，使用网络的程度较高。从人口特征看，这群人主要集中于网龄 2~5 年的人群，以男性为主，职业主要是企事业单位的员工，学历普遍较高。对这类人群在后续干预机制的研究中应通过自我制订合理的工作生活计划，更加合理地利用网络这一工具为生活和工作更好地服务。

第二类群体在行为和心理维度都没有明显的表现，这类人群通常将网络作为一种正常的工具使用，网络对个人的工作和生活并没有明显的影响，一般也不会对网络产生过多的心理依赖。这类人群的网络应用行为和正常使用人群相比，体现在对网络的使用时间长、频率高而且深度也比正常使用人群深。该类人群虽然没有明显关注的网络应用，性别和学历特征不明显，职业特征也不突出，但该类人群的涉网时间比正常使用人群长。

从第三类人群的特征来看，该类人群对网络的介入有两种较明显的情况，一种是初入网络的人群，还有一种是介入时间较长的人群，网络带给这群人的满足感和愉悦感非常强烈，他们的网络使用频率很高。由于有部分是初入网络的消费者，所以对网络介入的程度不是很深，但网络对其有极大的吸引力，致使其不断地返回网络，满足其心理的感受。该类人群特征鲜明：以使用商务交易为主，年龄分布于各个层次，女性人群为多，学历特征不显著，较高收入和较低收入两类人占多数，地域特征不明显，对网络的使用时间长，频率非常高，但是深度一般。

第四类群体属于网络粘性高发人群，这类人群在网络的使用上很容易过渡到成瘾的阶段。他们的网络使用程度很深，给工作和生活带来很大的影响，并且有很强的心理依赖特征。网络带给这类人群非常强烈的情绪安慰，他们离开网络有较大的阻力，在每类网络应用类型中都有非常多的应用。年龄跨度较大，其中 15~45 岁之间的人群数量巨大，多为已婚人士，网龄多在 6~10 年，男性人群是主力，学历分布也较广，职业以公务员、企事业单位员工、自由职业群体为主，收入分布于低收入和较高收入人群，对网络使用频繁，且使用时间长，使用程度很深。这类人群极易向成瘾人群转化，符合这类特征的人群，应引起高度警觉。

## 第四节 本章小结

基于已有文献，首先对消费者网络粘性进行界定并对其维度进行辨识，完成消费者网络粘性概念的建构。本研究认为消费者网络粘性是一种重复、持续使用网络产品和服务且伴随一定心理依赖的行为特征，这一特征主要体现在行为表现和心理认知两个方面，其中心理表现体现在情绪安慰和上网渴求两个维度，行为表现主要体现在生活影响和时间拖延两个维度。然后据此设计了一套测量消费者网络粘性程度的指标体系，确定了指标和权重结构，完成了对消费者网络粘性的操作化定义。以所建构的消费者网络粘性测量维度为基础，对当前中国消费者网络粘性的状况进行了研究。发现目前网络粘性人群的检出率为 82.52%，有相当大一部分人群具有粘性，然后采用聚类分析的方法，对该群体的特征进行更深入的挖掘，发现在该群体中，不同人口统计特性的人群在粘性的各个维度表现不一。

# 第五章 消费者网络粘性形成机理分析

根据本研究对网络粘性行为的界定，首先网络粘性行为是消费者在使用网络这一信息平台过程中产生的一种行为特征，因此信息系统使用理论理应成为其形成的理论基石；其次网络粘性行为具有心理依赖特征，而心流理论从某种意义上提供了心理依赖产生的内在根本原因，因此，心流理论也就被纳入网络粘性行为研究的另一理论基础；最后消费者的社会网络特性也是导致其粘附于网络的又一重要原因，因此结构嵌入性理论也就成为本研究分析网络粘性行为理论基础时的关注点之一。基于上述分析，本研究将主要依据这三方面理论展开对消费者网络粘性及形成机理的分析和研究。

## 第一节 研究设计

在理性行为理论中，行为意向是对某人打算执行某项行为的意向进行测量，是个人从事某种特定行为的主观概率。将此概念进行延伸，持续使用意向是指用户使用某种产品的主观概率或可能性。谢夫曼等（Schiffman et al., 1994）指出购买意向乃衡量消费者购买某项产品的可能性。当消费者对产品存在正向的行为意向时，消费者对企业的服务、产品表现出好感和偏爱，会增大购买或者使用的可能性；反之，如果消费者对企业、产品存在负向的行为意向时，消费者购买产品的可能性减小，其反应往往是会选择离开该公司，或者减少对该公司产品的购买数量。也就是说，行为意向和行为之间是正相关关系。用户对网络的持续使用意向与对一般商品的持续使用意向内涵是一致的，均指用户持续使用某种产品或服务的主观概率或可能性。但是，由于网络这个对象的特殊性，使得网络用户对这一对象的使用更为复杂，因此对持续使用网络考虑的因素也更多样。即使这样，用户的行为同样受其意向驱使。由于本研究定义粘性是一种持续使用行为，因此，研究网络用户的粘性行为也应该围绕用户的持续使用意向而展开，分析影响用户持续使用意向的因素。

在概念模型的形成过程中，持续使用理论中讨论的影响因素是本研究构建模型首先应考虑的因素，因此本研究以期望确认模型（ECM—ISC）为原型，首先考虑满意、感知有用性、期望确认度等因素对持续使用意向的影响。此外，本研究认为粘性是一种具有心理依赖特征的行为，而心流理论很好地揭示了用户在使用网络过程中的心理体验，因此在概念模型中将心流作为一个内生的潜在变量，研究其和粘性的关系。考虑到心流的产生受到用户个体诸多因素的影响，因此在本研究中还重点探讨了用户技能以及人机交互程度的作用。最后，模型的构建思路中还充分考虑了用户的社会网络属性。由于用户在社会网络中所处的位置会影响其网络使用行为，因而本研究选择用结构嵌入性这一变量来分析社会网络属性的影响。

总之，基于上述三条主线，本研究构建的消费者网络粘性形成机理概念模型如图5-1所示。

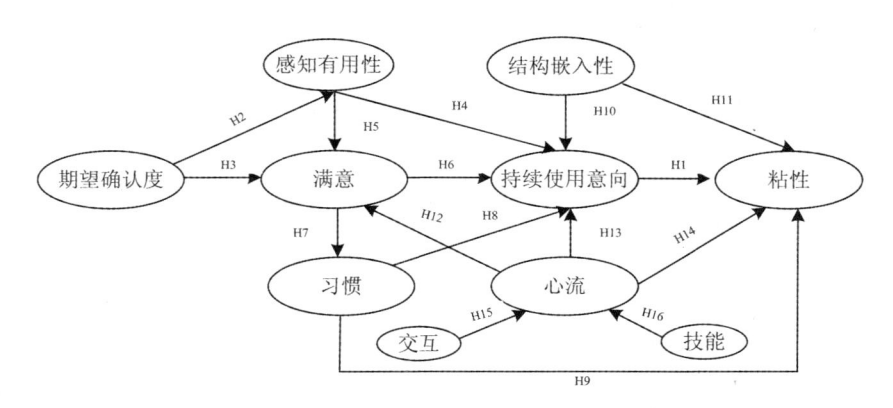

图5-1 消费者网络粘性形成机理概念模型

## 第二节 消费者网络粘性形成过程分析

在网络环境下，消费者搜寻信息、交流沟通、实施购买等一系列的行

<<< 第二篇　测评体系及形成机理篇

为都是通过计算机和网络进行的。当消费者接受和使用网络时,他们就接受和使用互联网的技术与创新活动。因此,解释个体使用信息系统的采纳理论被用来解释消费者接受并使用信息系统的行为是适当的。当消费者的初始采纳行为发生后,后续是否还会继续使用网络,哪些因素会影响其对网络的继续使用,即采纳后行为的研究。按照本研究对于网络粘性的理解,网络粘性描述的是消费者重复、持续使用网络产品和服务的行为特征。根据上述理论基础和前置影响因素的分析,本研究提出了如图5-2所示的消费者网络用户粘性形成过程图。

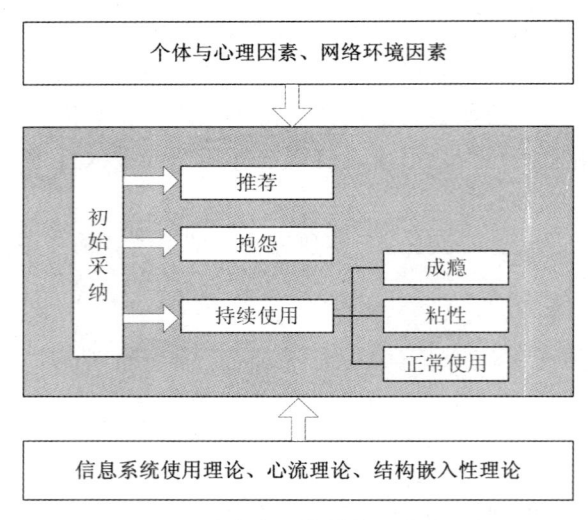

图 5-2　消费者网络粘性形成过程图

从图5-2可以看出,消费者从决定采纳到粘附于网络,表现为一个渐进的过程,首先是接受互联网,决定采纳的过程,一旦消费者决定采纳,其行为选择有三种:如果对互联网比较满意,则首先是自己决定持续使用;假若在使用过程中并不满意,则可能抱怨之;相反,如若认同,则可能推荐给朋友和家人。在这一阶段,如果消费者决定持续使用,则根据其对网络持续使用的程度,会出现三种不同的行为表现:一种是正常持续使用,即在不影响正常生活形态的基础上将网络作为一种信息来源和娱乐工具进行运用,这种运用的结果如同用户对于报纸、电视等信息、娱乐工具一样,有助于用户得到外界信息并得到生活娱乐和适度的休闲;成瘾则是另外一个极端的运用结果，如前所述，这种运用的结果严重干扰了用户正常心理和生活，使用户的生活偏离正常轨道；粘性是处于正常使用和成瘾之间的一种行为结果，它超出了正常使用的范围，对用户的生活造成了一定影响，但与成瘾相比，又不至于使用户生活整体陷入病态。并且不同之处还在于，如果说成瘾的后果完全是负面的，则粘性行为有正负两种效应：一种是有助于用户和企业之间建立忠诚关系从而减少交易成本的正效应；另一种是可以干预和转化的负效应。而其可干预和可转化的特性也正是本研究的目的和意义所在。

为了对网络粘性的形成过程有更加深入的认识，本研究将对网络粘性的形成过程分阶段进行剖析，以便加深对网络粘性形成不同阶段的认识。

### 一　初始采纳阶段——持续使用阶段

首先，对于最终发展为具有网络粘性特征的消费者而言，对网络的粘性一般始于对网络这一信息系统的采纳和使用。通常是否接受和使用网络与消费者的个人和心理状况有关，性别、年龄等人口统计变量的差异以及消费者的个性、自我认知等都会影响消费者对信息系统使用的选择。而诸如信息系统采纳等理论也会在这一阶段为他们的选择做出理论注解。如在消费者与网络接触的初期，网络的便利性和极大的信息量使消费者提高了工作及生活的效率，给生活带来了便利，因此消费者对网络的感知有用性评价逐渐提升，认为网络能带来方便，也因此对网络这一新的信息系统有了正面的评价，这些最终促成了他们对网络的采纳和应用。从上面的分析中可以看出，与其他网络消费者相同，最终发展为网络粘性行为的消费者群体，对于网络的应用同样是从初始采纳阶段开始，在与网络接触的初始阶段，其行为同样可以用信息系统使用理论加以解释。

### 二　持续使用阶段——行为分化阶段

当消费者决定使用网络或某一项网络应用后，在心理层面和行为方面都将经历从最初使用到关系维持的演变，最终会在与网站互动的基础上形成一种心灵契约。当有使用经验后，使用者会对网络的表现做出正面或负面的评价，引发推荐或者抱怨的行为。用户的持续使用意向由他们对于信息系统使用的满意度和感知有用性决定。用户的满意度则受到他们对于之前使用的信息系统的有用性和感知的期望确认程度的影响。而用户对网络接受后的感知有用性受到用户期望确认程度的影响，如果消费者对网络的使用评价中感知有用性的程度高于预期所带给他的程度，则消费者会形成一定的心理满意，即产生持续使用网络的意向。如果这种匹配程度没有完成，则满意的程度就会减弱，抱怨甚至放弃使用网络。米塔尔等（Mittal et al., 1998）提出使用推荐意愿和转换意愿等指标衡量网络使用者是否愿意继续使用网络。当拥有初次良好的体验后，网络用户自然会选择再次访问网站，产生后续的持续使用行为，在现有的文献中也将后续的持续使用行为称为采纳后行为。

当消费者进入采纳后行为阶段，他们的行为表现就开始逐渐分化：

正常使用：一部分消费者在对网络的正向评价之下，会充分利用网络的便利、信息量大等特点，完成工作及日常生活的各项任务，这部分消费者因而成为网络的正常使用者，对他们而言，网络仅仅是一种辅助生活和工作的工具而已。

网络成瘾：与正常使用者的情况不同，有些消费者在使用网络后会出现较为极端的情况，如不可自拔地大量购物、沉迷于网络游戏等网络成瘾现象。在现实生活中，出现网络成瘾这种极端症状的用户仅是少数，正如网络成瘾研究者的调研结论，平均占网络用户总数7%左右（一般研究中检出网瘾比例2%～15%）（Chou，2000；Morahan - Martin et al., 1997）。

网络粘性：随着网络对人们生活的渗透性日益增强、网络覆盖日趋扩大及上网手段越来越多、越来越便利，能够将网络使用控制在正常范围内的网络用户在整个网络用户中所占比例也会减少，大部分网络用户正在或者已经面临的是对网络的过度依附，即网络粘性问题。

### 三　行为分化阶段——粘性形成阶段

面对越来越庞大的网络粘性群体，几乎所有人都在困惑一个问题，即对网络的持续使用为何会导致这样的一种情形？本研究认为，其原因主要在于持续使用的消费者对网络所感知的有用性及满意程度等效用体验已经随使用时间的延续淡化，而更注重在使用网络过程中的心理体验，此时，在使用网络中，心流的出现是进一步解释网络粘性这种行为出现的一个原因。心流是一种暂时性的、主观的体验，也是人们为什么愿意继续再从事某种活动的原因。目前，心流理论已经被广泛地应用在网络游戏、网络购物等网络应用领域，成为衡量用户体验的重要标准之一。心流的出现会用户带来时间扭曲感、爽体验等感受，这种感受是消费者所渴望的。消费者在持续使用网络的过程中出现的心流状态诱发他不断地重复对网络的使用，离线状态下渴望在线，长时间使用网络而不自知，上网带来极大的心理安慰等情况，这些都是重复不断持续使用网络而表现出的行为特点。

网络消费者对网络的粘附还有一方面的原因，即在网络日益迅速发展的今天，网络的力量集结着各种角色，他们通过网络进行实时信息传递。因此作为社会成员的一分子，对网络的粘附也受制于这种外部力量的推动。这一力量可通过社会网络的特点来分析。在用户所嵌入的社会关系网络中，个体成员之间每建立起一种"关系"就形成一个结构联结。通过这种联结，个体成员能够更有效地进行互动沟通、分享知识和信息资源。成员之间的联结越多，则互动越频繁。伯特（Burt，2001）指出结构联结是社会结构个体成员获取信息资源的管道，结构中成员的联结度越高就越有机会更快取得更多有价值的资源与知识。同时，结构联结还是结构中成员相互提供可使用信息资源的通道。维斯珀（Vesper，1990）认为具有高联结度的成员，通过结构成员之间的互动、推荐等，更有机会接触到其所需要的信息提供者，从而获得更有价值的信息。正是这种结构联结使得其社会关系结构中使用网络的用户们通过彼此的持续互动，从中发展出相互信赖及彼此了解的气氛，网络用户在进行交流并取得信息、分享信息的过程中，由于具有相同的兴趣而不断增强互动，从而增加了结构中每个成员网络使用行为的粘性。

## 第三节 消费者网络粘性影响因素分析

社会心理学认为人的行为可用公式表示：$B = F(P, E)$，其中 B（Behavior）表示行为，P（Personal）代表构成个人内在条件的各种生理和心理因素，E（Environment）表示个人所处的外部环境，包括社会和自然环境。此模型表明，人类行为是个人与环境交互作用的产物。网络环境下消费者表现出的接受和采纳行为，不仅与网络本身及企业的营销策略有关，还与使用者的社会文化因素（传统文化、受教育程度、价值观念、家庭等）、个人因素（年龄、性别、职业、收入、自身形象树立、生活方式、个性等）和心理因素（内心需要、信念、动机等）有关。最初对互联网使用行为的研究以研究外部技术因素的变化影响使用者的使用行为居多，随着研究的深入，研究视角开始逐步转向增加一些个人因素和心理因素的影响。例如，通过影响消费者生活方式、价值理念、群体力量、动机等因素影响其使用行为。因此，不同的网络使用者具有不同的个人因素和心理因素，又会受到不同的社会文化因素等的影响，可能会呈现出不同的使用行为和使用态度，存在较大的差异。

本研究中，粘性行为被认为是一种具有一定心理依赖特征的持续使用行为，因此粘性行为由持续使用意向来预测。在概念模型中，粘性是对行为本身的体现，而持续使用意向是一个测度用户在未来将继续使用网络而不中断的意向的变量。持续使用意向能体现影响行为的动机因素，是反映用户为实施某一行为，愿意尝试并付出努力的强烈程度的指标。本研究结合前文对粘性行为特征的分析，提出粘性行为是用户的一种伴随心理变化的过度使用行为，从行为变化和心理表现等方面进行评价，提出假设：

H1：持续使用意向正向影响粘性。

消费者在购买某特定产品或服务之前，会先在内心对于可能的消费结果给予某一程度的预期水准，之后再与实际消费体验进行比较。基于认知失调理论，巴塔克里（Bhattacherjee，2001）认为使用者最初面对全新的系统时，因为没有任何过去的使用经验作为形成预期的依据，因此在一开始可能会对该系统的有用性给予较低的评价，其后在获得实际的使用经验后就可以对系统的有用性形成更具体的期望。虽然起初的期望容易取得确认，但随着使用经验增加，使用者可能体验到之前所持的低度期望太过不切实际，因而修正对该系统是否有用的评价。

戴维斯（Davis，1989）在研究信息技术接受时提出了感知有用性（perceived usefulness），认为在众多影响信息系统使用的变量中，感知有用性是其中一个决定性的因素，将其定义为使用某一信息系统会加强和改进工作的能力，测量指标包括信息系统能在多大程度上提高工作效率、增加生产率和工作绩效，主要关注信息系统使用者对工作过程与结果的内在期望。在信息系统持续使用的研究中，巴塔克里（Bhattacherjee，2001）提出感知有用性对持续使用意向有正向的影响关系，而感知有用性又被期望确认度影响，并证实了这一假设。葛芬（Gefen，2003）使用TAM模型验证持续使用意向的影响因素时，发现感知有用性显著地影响持续使用意向。钱等（Chan et al.，2004）根据扩展后的TAM模型和社会认知理论来验证香港用户采纳和持续使用网上银行的影响因素，结构方程模型的结果显示，在持续使用模型中，感知有用性显著影响持续使用意向。

满意度概念最早是由洛克（Locke，1976）提出的，当时将其定义为基于对个人工作成果的评价所引发的愉快或正向的情感状态，主要用于探讨个人工作绩效与工作满意度之间的关联。奥利弗（OLiver，1981）沿用此概念，并应用于消费者行为的研究中，重新将此概念定义为消费者的一种之前消费时期望没能满足而形成的心理状态。消费者继续购买产品或者服务的意向首先是由他们对之前购买的产品或服务的满意程度决定的，满意度被认为是建立和保持长期客户忠诚和重复购买的关键因素。巴塔克里（Bhattacherjee，2001）实证研究证实，满意是持续使用意向有力的预测变量，解释了持续使用意向32%的方差。用户只有认为网络是满意的，期望得到了确认，才会继续使用网络，并进一步粘附于此，而且满意的体验是习惯形成的关键条件（阿尔特（Aarts et al.，1997））。在信息系统研究中，在线购物提供了一个良好的有关满意与习惯关系的证明（鲁宾斯坦（Reibstein，2002））。

在本研究中，粘性行为被作为一种持续使用行为进行研究，因此，在研究用户的粘性行为时，将用户满意度、期望确认度等关键概念视为影响持续使用的关键因素，依据ECM—ISC模型，可提出如下假设：

H2：期望确认度正向影响感知有用性。

H3：期望确认度正向影响满意度。

H4：感知有用性正向影响持续使用意向。

H5：感知有用性正向影响满意度。

H6：满意度正向影响持续使用意向。

李和洪（Lee & Hong，2005）整合ECT理论和TPB理论，构建了包含习惯的持续使用模型。通过对韩国某网站的用户进行随机的网络调查，结果验证了习惯会影响感知转换成本。利马伊美等（Limayem et al.，2007）为了研究习惯在信息系统持续使用中的作用，在ECM模型中加入了持续使用行为。研究发现，习惯变量越强，持续使用意向对持续使用行为的预测能力就越弱。研究同时总结出信息系统中习惯变量的前因变量，包括了满意度、以前的行为等方面。伊格雷等（Eagly et al.，1993）指出行为受到习惯的影响，可作为后续行为的基本预测因素，因为行为的重复导致习惯的形成。特里安迪斯（Triandis，1980）定义习惯为处境与行为之间的关联，是自动的或已变成自动的，以致它发生时没有自我指导（self–instruction）的存在。金姆等（Kim et al.，2005）的研究揭示了用户对信息系统的感知和评价随着时间而改变，假设个性化的网站经常会被使用，并会形成一种习惯性的行为，那么用户过去的使用行为显著影响其未来的使用行为。由此看来，习惯会对持续使用行为形成一种惯性的影响，并会自然地产生粘性的倾向，因此提出假设为：

H7：满意度正向影响习惯。

H8：习惯正向影响持续使用意向。

H9：习惯正向影响粘性。

伴随着计算机网络不断渗透到人们生活的各个方面，网络的结构特性、网络用户之间的行为交互逐渐成为研究的热点。根据那哈皮特（Nahapiet，1998）的观点，结构嵌入性是与社会系统及整个网络关系相关的一个属性，是社会网络理论中的重要概念。结构嵌入性的理论基础在一定程度上源自经济学中的网络分析，研究视角是网络参与者间相互联系的总体性结构，它强调网络的整体功能和结构。结构嵌入性研究的网络关系是多维的，蔡（Cai，1998）认为当一个组织在众多的组织中有极强的中心性时，那么这个组织中的个人在社会交往中，更有可能学习和采纳组织语言、价值观以及行为准则。依据结构嵌入性观点，若是用户主观上认为其社交关系网络中（包括同学、朋友及同事等）很大比例都在使用网络，那么用户就有更强烈的学习组织中其他人社会规范的意愿，产生更强的持续使用意向。因此提出如下研究假设：

H10：结构嵌入性正向影响持续使用意向。

H11：结构嵌入性正向影响粘性。

齐克森米哈里最早提出了心流理论，探讨人们对于某种行为或活动完全投入时的心理状态。他对心流的定义为：个体完全投入某种活动的整体感觉，当个体处于心流体验的过程中，会非常愉快而且会觉得时间过得很快。心流理论在信息系统领域被用于解释不同的现象，许多研究者在研究信息系统采纳的内在动机时，发现其中一个重要的动机就是心流。鲁娜等（Luna et al.，2003）认为消费者网络浏览产生心流体验，直接影响消费者从该网站购买产品的意图和再次访问、使用该网站的意图。科扎恩（Korzaan，2003）研究证实心流体验不但直接影响消费者在线购买态度，而且通过态度间接地影响个人的购买意图。李等（Lee et al.，2008）运用心流理论研究了角色扮演类阅读网站的粘性问题，从网站视角提出增强粘性的战略。陈洁等（2009）研究表明通过增强消费者的心流体验，从而导致消费者增加无计划购买数量以及增强重复购买的意愿。赵彬等（2009）将心流体验与消费者品牌忠诚行为进行匹配，提出了"心流体验—品牌忠诚"模型，认为在线消费者的心流体验将影响其品牌忠诚行为。吴（Wu，2010）从心流产生的原因出发研究用户粘附于 SNS 类网站的原因。霍夫曼等（Hoffman et al.，1996）研究了电脑媒介环境（CME）下使用者上网浏览时的心理状态，定义心流具有以下几个特征：人机互动促使一连串不停的反应特性、内心愉悦感、伴随自觉的丧失和自我强化。诺瓦克等（Novak et al.，2000）在概念模型的基础上，通过网络调研的大样本数据，构建了一个包含心流体验在内的 13 个模型变量和 3 个背景变量的结构方程模型，实证研究了消费者网络消费导航过程中的心流体验过程。在研究中，他们认为心流体验联系着作为心流体验前因和结果的其他变量。周等（Chou et al.，2012）也验证了心流体验使社交网络使用者忠诚。

参考以上理论，本研究认为心流的一个重要输出变量就是充满乐趣的愉悦情感，并且这种情感会直接影响消费者对网络的正面态度。常等（Chang et al.，2012）研究发现心流体验是解释在线环境下消费者行为的有用构念，心流体验的感觉能积极影响在线消费者的满意度。蔡等（Cai et al.，2007）研究发现当消费者感到网络购物的享受时，消费者的满意度也会提高，故心流与满意度有一定的关联。

心流产生的一个重要前置变量就是个体的网络使用技能，这个技能是使用者根据自我感知来测量的，所以技能往往被定义为用户个体对自己使用网络上网的能力判断。霍夫曼（Hoffman，1996）在研究中指出技能是心流产生的决定性变量，齐克森米哈里（Csikszentmihalyi，1997）同时强调了技能和挑战的匹配是构成心流的重要变量之一。因此本研究假定技能对心流的正向影响关系。施托伊尔（Steuer，1992）定义交互指媒体的使用者能影响中介环境的形式和内容的程度，而且他认为交互程度的强弱取决于技术的力量，而不是个人的能力，并从三个方面对交互进行度量，即交互的速度、使用者感知的交互的状态以及交互的范围。诺瓦克等（Novak et al.，1999）在研究在线环境下心流影响因素的时候，选取交互这个变量，但是仅从速度角度对其测度，认为交互速度会影响心流的产生，并具有正向的影响作用。本研究将从施托伊尔（Steuer，1992）交互的测量维度出发，度量其对心流的影响作用。

根据以上理论，做出如下假设：

H12：心流正向影响满意。

H13：心流正向影响持续使用意向。

H14：心流正向影响粘性。

H15：交互正向影响心流。

H16：技能正向影响心流。

## 第四节　消费者网络粘性形成机理实证验证

　　调查问卷初稿是在文献回顾的基础上，参考国内外学者对研究变量的测量尺度，在与个别消费者进行深入访谈后设计出的。为确保调查问卷的设计符合相应的统计规范，对各计量项目进行了反复修改。为了测试问卷中各个题项的表述清晰程度以及信度和效度，在各概念的操作定义和测量方法上采用国内外现有文献中使用过的量表，对各变量的测量使用了多个计量项目，并根据本研究目的进行了修改，作为实证研究搜集资料的工具。

　　为了验证问卷的各个题项能否计量出本研究的概念，同时考虑到样本发放和回收的便利性，2011年6月对110名网络消费者发放问卷进行了预调研。在预调研中与问卷填写人员进行了交流，根据反馈意见再次修改问卷，以提高问卷的清晰度与恰当性，确保能够准确解释测量指标。由于本研究针对一般网络消费者，因此在选择预调查对象时，首先由研究者个人的社会网络选择互联网用户，并指导他们填写问卷。在数据分析过程中，排除资料填写不全的问卷，以及数据存在缺失值的问卷，共回收94份有效问卷，基于此对计量项目的可靠性和有效性进行了初步分析，并在语言表述上对调查问卷中的题项做了调整，在修改之后，确定了最终使用的问卷（见附录A）。

　　本研究将使用调研数据采用结构方程模型的方法验证消费者网络粘性概念模型，使用结构方程模型的前提条件是数据呈正态分布。正态分布检验多使用偏度和峰度系数检验。若偏度系数的绝对值大于3，峰度系数的绝对值大于10则为极端值，必须加以处理。首先使用SPSS19.0对调查样本的所有测量项目的数据进行了偏度和峰度分析，结果表明，各个测量变量的偏度和峰度系数都在可接受的范围内，这说明调查的数据呈近似正态分布。

## 一 变量度量

本研究共包含十个变量,对每一个变量的定义都参考了前人的相关文献,并且综合考虑到本研究的具体情况,最终形成本研究各变量的定义,见表 5-1。

表 5-1　　　　　　　　　变量的定义及来源

| 研究变量 | 变量定义 | 问题来源 |
| --- | --- | --- |
| 感知有用性(PU) | 消费者相信使用网络会提高其购买与信息搜寻的绩效的程度 | Davis,1989 |
| 期望确认度(EC) | 使用的效果与没有使用前的期望之间的符合程度的主观评价 | Bhattacherjee,2001 |
| 习惯(HAB) | 用户自动使用网络的思维定式 | 参考 Limayem,2007 |
| 满意(SAT) | 网络用户对使用网络的满意程度 | 参考 Spreng,1996 |
| 结构嵌入性(CE) | 人与人之间联结的程度 | 参考殷国鹏,2010 |
| 心流(FLO) | 用户全身心投入网络的一种心理状态 | 参考 Hoffman,1996 |
| 持续使用意向(CI) | 用户继续使用网络的意向 | Mathieson,1991 |
| 粘性(STI) | 用户有心理依赖的持续使用行为特征 | 自编 |
| 技能(SK) | 个体对其使用网络上网能力的判断 | 参考 Hoffman,1996 |
| 交互(INT) | 用户可以参与实时修改内容和形式的程度 | 参考 Steuer,1992 |

有关感知有用性、期望确认度、满意度、习惯、持续使用意向等的定义,根据前述理论研究,有较明确的定义;心流、技能和交互的定义来自对心流变量的研究;对于个人而言,个人生活和行动都是嵌入于社会结构之中的,也必然受到社会结构中其他成员行为的影响,因此参考社会网络理论,研究结构嵌入性的影响,参考前期研究成果,给出结构嵌入性的定义。

## 二 探索性和验证性因子分析

本研究采用探索性因子分析(EFA)和验证性因子分析(CFA)方法检验测量模型的信度和效度,采用结构方程模型方法对结构模型进行检验，所用的检验工具是 SPSS 和 AMOS。

（一）探索性因子分析

按照海尔等（Hair et al., 1998）的建议，Cronbach's α 值大于 0.7，表明数据可靠性较高，能够进行下一步分析；当计量尺度中的项目数量小于 6 个时，Cronbach's α 值大于 0.6，表明数据是可靠的。表 5-2 是各因子的 Cronbach's α 值。

表 5-2　　　　　　　各因子的 Cronbach's α 值

| 潜变量 | α 值 | 观测变量 | 测度项删除后的 α 值 |
| --- | --- | --- | --- |
| PU | 0.864 | PU1 | 0.799 |
|  |  | PU2 | 0.791 |
|  |  | PU3 | 0.833 |
| EC | 0.840 | EC1 | 0.754 |
|  |  | EC2 | 0.737 |
|  |  | EC3 | 0.833 |
| HAB | 0.874 | SAT1 | 0.869 |
|  |  | SAT2 | 0.810 |
|  |  | SAT3 | 0.839 |
|  |  | SAT4 | 0.831 |
| SAT | 0.916 | HAB1 | 0.897 |
|  |  | HAB2 | 0.886 |
|  |  | HAB3 | 0.892 |
|  |  | HAB4 | 0.891 |
| CI | 0.895 | CI1 | 0.894 |
|  |  | CI2 | 0.819 |
|  |  | CI3 | 0.840 |
| FLO | 0.758 | FLO1 | 0.737 |
|  |  | FLO2 | 0.584 |
|  |  | FLO3 | 0.706 |
| CE | 0.818 | CE1 | — |
|  |  | CE2 | — |

续表

| 潜变量 | α 值 | 观测变量 | 测度项删除后的 α 值 |
|---|---|---|---|
| STI | 0.889 | STI1 | 0.872 |
| | | STI2 | 0.806 |
| | | STI3 | 0.884 |
| | | STI4 | 0.819 |
| | | STI5 | 0.871 |
| | | STI6 | 0.870 |
| | | STI7 | 0.871 |
| | | STI8 | 0.873 |
| | | STI9 | 0.870 |
| | | STI10 | 0.870 |
| | | STI11 | 0.871 |
| SK | 0.824 | SK1 | 0.641 |
| | | SK2 | 0.700 |
| | | SK3 | 0.815 |
| INT | 0.849 | INT1 | — |
| | | INT2 | — |

采用最大方差旋转的主成分分析方法进行探索性因子分析。数据的 KMO 统计值为 0.953，高于推荐值 0.80，这表明所收集的样本数据很适合进行主成分分析，旋转的主成分分析结果见表 5-3，提取特征值大于 0.70 的 10 个因子，方差解释率为 73.22%，因子结构清晰，各个测度项在其相关联的变量上的因子负载值都大于 0.50，交叉测度项的因子负载没有超过 0.50，表明了量表具有较好的收敛效度和判别效度。

表 5-3　　　　　　　方差最大法旋转后的因子矩阵

| 观测变量 | 1 | 2 | 3 | 4 | 5 | 6 | 7 | 8 | 9 | 10 |
|---|---|---|---|---|---|---|---|---|---|---|
| PU1 | -0.066 | 0.268 | 0.171 | 0.193 | 0.757 | 0.136 | 0.092 | 0.144 | 0.123 | 0.049 |
| PU2 | -0.019 | 0.218 | 0.168 | 0.183 | 0.739 | 0.194 | 0.078 | 0.187 | 0.114 | 0.077 |
| PU3 | -0.023 | 0.215 | 0.219 | 0.142 | 0.681 | 0.203 | 0.077 | 0.303 | 0.111 | 0.050 |

续表

| 观测变量 | 1 | 2 | 3 | 4 | 5 | 6 | 7 | 8 | 9 | 10 |
|---|---|---|---|---|---|---|---|---|---|---|
| EC1 | 0.099 | 0.240 | 0.140 | 0.106 | 0.328 | 0.208 | 0.093 | 0.701 | 0.128 | 0.067 |
| EC2 | 0.088 | 0.260 | 0.084 | 0.081 | 0.234 | 0.192 | 0.078 | 0.776 | 0.117 | 0.079 |
| EC3 | 0.024 | 0.380 | 0.180 | 0.221 | 0.369 | 0.216 | 0.067 | 0.495 | 0.077 | 0.046 |
| SAT1 | 0.005 | 0.390 | 0.259 | 0.240 | 0.370 | 0.475 | 0.081 | 0.098 | 0.085 | -0.009 |
| SAT2 | 0.081 | 0.283 | 0.180 | 0.150 | 0.273 | 0.733 | 0.112 | 0.126 | 0.140 | 0.071 |
| SAT3 | 0.194 | 0.241 | 0.120 | 0.092 | 0.112 | 0.767 | 0.151 | 0.172 | 0.118 | 0.135 |
| SAT4 | 0.139 | 0.338 | 0.147 | 0.141 | 0.175 | 0.684 | 0.074 | 0.206 | 0.130 | 0.131 |
| HAB1 | 0.036 | 0.743 | 0.203 | 0.184 | 0.204 | 0.248 | 0.067 | 0.176 | 0.113 | 0.030 |
| HAB2 | 0.045 | 0.767 | 0.202 | 0.161 | 0.199 | 0.248 | 0.106 | 0.146 | 0.131 | 0.048 |
| HAB3 | 0.062 | 0.777 | 0.192 | 0.140 | 0.168 | 0.177 | 0.139 | 0.179 | 0.108 | 0.151 |
| HAB4 | 0.048 | 0.756 | 0.223 | 0.171 | 0.192 | 0.190 | 0.134 | 0.150 | 0.147 | 0.098 |
| CI1 | 0.054 | 0.205 | 0.744 | 0.134 | 0.193 | 0.181 | 0.178 | 0.097 | 0.151 | 0.138 |
| CI2 | 0.008 | 0.213 | 0.788 | 0.192 | 0.226 | 0.120 | 0.141 | 0.074 | 0.141 | 0.106 |
| CI3 | 0.026 | 0.238 | 0.770 | 0.201 | 0.227 | 0.095 | 0.141 | 0.082 | 0.135 | 0.097 |
| FLO1 | 0.344 | 0.177 | 0.154 | -0.049 | 0.235 | 0.145 | 0.608 | -0.059 | 0.084 | 0.209 |
| FLO2 | 0.233 | 0.113 | 0.219 | 0.112 | 0.114 | 0.086 | 0.777 | 0.003 | 0.036 | 0.012 |
| FLO3 | 0.338 | 0.036 | 0.136 | 0.115 | -0.020 | 0.066 | 0.693 | 0.169 | 0.027 | -0.034 |
| CE1 | 0.036 | 0.184 | 0.197 | 0.220 | 0.172 | 0.129 | 0.068 | 0.122 | 0.808 | 0.054 |
| CE2 | 0.056 | 0.204 | 0.155 | 0.210 | 0.135 | 0.186 | 0.093 | 0.126 | 0.795 | 0.095 |
| STI1 | 0.745 | 0.077 | 0.040 | 0.061 | 0.153 | 0.015 | 0.253 | -0.106 | 0.008 | -0.107 |
| STI2 | 0.826 | 0.028 | -0.017 | 0.002 | 0.043 | 0.033 | 0.189 | -0.029 | -0.003 | -0.006 |
| STI3 | 0.862 | 0.014 | 0.011 | -0.001 | -0.044 | 0.039 | 0.024 | 0.025 | -0.008 | 0.024 |
| STI4 | 0.814 | 0.033 | 0.074 | 0.016 | -0.024 | 0.033 | 0.072 | 0.048 | 0.039 | 0.017 |
| STI5 | 0.846 | -0.009 | -0.035 | -0.061 | -0.065 | 0.060 | 0.054 | 0.083 | 0.027 | 0.110 |
| STI6 | 0.853 | -0.001 | 0.016 | -0.051 | -0.054 | 0.060 | 0.048 | 0.064 | 0.031 | 0.093 |
| STI7 | 0.768 | 0.054 | 0.133 | 0.049 | -0.001 | 0.088 | 0.125 | 0.076 | 0.025 | 0.061 |
| STI8 | 0.580 | 0.290 | 0.456 | 0.177 | 0.134 | 0.156 | 0.493 | 0.141 | 0.163 | 0.125 |
| STI9 | 0.645 | 0.122 | 0.378 | 0.273 | -0.060 | 0.013 | 0.382 | 0.310 | 0.201 | 0.077 |
| STI10 | 0.601 | 0.038 | 0.354 | 0.237 | -0.075 | 0.191 | 0.309 | 0.137 | -0.017 | -0.330 |

续表

| 观测变量 | 1 | 2 | 3 | 4 | 5 | 6 | 7 | 8 | 9 | 10 |
|---|---|---|---|---|---|---|---|---|---|---|
| STI11 | 0.549 | 0.197 | 0.238 | 0.259 | 0.030 | 0.149 | 0.310 | 0.059 | -0.041 | -0.185 |
| SK1 | 0.122 | 0.236 | 0.220 | 0.414 | 0.131 | 0.208 | 0.058 | 0.133 | 0.142 | 0.606 |
| SK2 | 0.213 | 0.174 | 0.137 | 0.342 | 0.077 | 0.229 | 0.128 | 0.129 | 0.090 | 0.690 |
| SK3 | 0.029 | 0.181 | 0.216 | 0.222 | 0.190 | 0.158 | 0.131 | 0.090 | 0.151 | 0.673 |
| INT1 | -0.043 | 0.188 | 0.203 | 0.788 | 0.179 | 0.110 | 0.088 | 0.103 | 0.162 | 0.149 |
| INT2 | -0.054 | 0.202 | 0.233 | 0.771 | 0.177 | 0.105 | 0.097 | 0.073 | 0.160 | 0.037 |

（二）验证性因子分析

为了进一步对量表的信度和效度进行检验，模型进行验证性因子分析，结果见表5-4。在本研究中，量表的设计首先阅读了大量文献，在前人成熟量表的基础上，结合成熟量表进行借鉴和修改，对各变量进行了操作化定义并形成量表；其次在量表的设计过程中，还咨询了相关专家，他们对本量表的设计都提出了许多修改和完善意见，因此认为本量表具有较好的内容效度，可以较全面地反映测量的目的。

安德森（Anderson，1988）认为，收敛效度检验是通过运行测量模型来观察测量项目是否紧密负载在变量上。收敛效度主要测试一个潜变量发展出的多个问项最终是否会收敛于一个因素中。

表5-4　　　　　　　　　　验证性因子分析结果

| 潜变量 | 观测变量 | 因子载荷 | P值 | AVE | CR |
|---|---|---|---|---|---|
| 感知有用性 | PU1 | 0.799 | *** | 0.625 | 0.833 |
|  | PU2 | 0.785 | *** |  |  |
|  | PU3 | 0.787 | *** |  |  |
| 期望确认度 | EC1 | 0.744 | *** | 0.605 | 0.821 |
|  | EC2 | 0.787 | *** |  |  |
|  | EC3 | 0.802 | ***, |  |  |

续表

| 潜变量 | 观测变量 | 因子载荷 | P 值 | AVE | CR |
|---|---|---|---|---|---|
| 满意 | SAT1 | 0.823 | *** | 0.673 | 0.892 |
|  | SAT2 | 0.82 | *** |  |  |
|  | SAT3 | 0.826 | *** |  |  |
|  | SAT4 | 0.812 | *** |  |  |
| 习惯 | HAB1 | 0.759 | *** | 0.621 | 0.868 |
|  | HAB2 | 0.831 | *** |  |  |
|  | HAB3 | 0.768 | *** |  |  |
|  | HAB4 | 0.793 | *** |  |  |
| 持续使用意向 | CI1 | 0.786 | *** | 0.671 | 0.860 |
|  | CI2 | 0.845 | *** |  |  |
|  | CI3 | 0.826 | ** |  |  |
| 心流 | FLO1 | 0.647 | *** | 0.507 | 0.754 |
|  | FLO2 | 0.738 | *** |  |  |
|  | FLO3 | 0.746 | *** |  |  |
| 结构嵌入性 | CE1 | 0.817 | *** | 0.652 | 0.798 |
|  | CE2 | 0.798 | *** |  |  |
| 粘性 | STI1 | 0.719 | *** | 0.516 | 0.921 |
|  | STI2 | 0.677 | *** |  |  |
|  | STI3 | 0.706 | *** |  |  |
|  | STI4 | 0.782 | *** |  |  |
|  | STI5 | 0.798 | *** |  |  |
|  | STI6 | 0.701 | *** |  |  |
|  | STI7 | 0.694 | *** |  |  |
|  | STI8 | 0.689 | *** |  |  |
|  | STI9 | 0.666 | *** |  |  |
|  | STI10 | 0.759 | *** |  |  |
|  | STI11 | 0.696 | *** |  |  |

续表

| 潜变量 | 观测变量 | 因子载荷 | P值 | AVE | CR |
|---|---|---|---|---|---|
| 技能 | SK1 | 0.637 | *** | 0.545 | 0.780 |
|  | SK2 | 0.754 | *** |  |  |
|  | SK3 | 0.812 | *** |  |  |
| 交互 | INT1 | 0.722 | *** | 0.532 | 0.694 |
|  | INT2 | 0.736 | *** |  |  |

收敛效度必须同时满足三个准则：问项的因子负荷量必须超过0.7，并且T检验显著；建构信度必须大于0.6；每个构面的平均变异抽取量（Average Variance Extracted，AVE）在绝对数值上要大于0.5（Fornell & Larcker，1981）。见表5-4，本研究验证性因子分析中，各个因子载荷基本都大于0.7，且作为建构信度的测量指标CR的值都超过0.6，平均变异抽取量AVE大于0.5，均满足前述要求，所以本研究问卷的收敛效度较高，通过收敛效度检验。

区别效度也称判别效度，显示的是变量间的差异，即任意两个（隐）变量之间不允许整合成单一维度。要检验构面间的区别效度，可使用福内尔（Fornell，1981）所提出的方法，即每一个构面的平均变异抽取量若全都大于该构面与其他构面之间相关系数的平方，就认为该构面具有区别效度。从表5-5可以看出，本研究的区别效度检验显著。

表5-5　　　　　　　　　区别效度检验结果

| | 交互 | 技能 | 粘性 | 嵌入 | 心流 | 持续使用意向 | 满意 | 期望确认度 | 习惯 | 感知有用 |
|---|---|---|---|---|---|---|---|---|---|---|
| 交互 | 0.729* | | | | | | | | | |
| 技能 | 0.376* | 0.738* | | | | | | | | |
| 粘性 | 0.018* | 0.090* | 0.718* | | | | | | | |
| 嵌入 | 0.387* | 0.401* | 0.041* | 0.807* | | | | | | |
| 心流 | 0.618* | 0.247* | 0.057* | 0.240* | 0.712* | | | | | |
| 持续使用意向 | 0.743* | 0.335* | 0.018* | 0.335* | 0.530* | 0.819* | | | | |
| 满意 | 0.517* | 0.386* | 0.023* | 0.327* | 0.331* | 0.416* | 0.820* | | | |

续表

| | 交互 | 技能 | 粘性 | 嵌入 | 心流 | 持续使用意向 | 满意 | 期望确认度 | 习惯 | 感知有用 |
|---|---|---|---|---|---|---|---|---|---|---|
| 期望确认度 | 0.348* | 0.338* | 0.025* | 0.291* | 0.216* | 0.283* | 0.472* | 0.778* | | |
| 习惯 | 0.379* | 0.370* | 0.033* | 0.325* | 0.254* | 0.320* | 0.608* | 0.490* | 0.788* | |
| 感知有用 | 0.375* | 0.293* | 0.001* | 0.282* | 0.264* | 0.296* | 0.415* | 0.554* | 0.461* | 0.791* |

注：对角线上的值表示该潜变量平均变异抽取量（AVE）的平方根，该值应大于非对角线值；

* 表示在1%的显著性水平下相关系数达到显著性水平。

以上检验结果表明，问卷的信效度检验均通过，因此适合进行下一步假设检验。

为了验证假设1至假设16，本研究利用AMOS 17.0软件，使用结构方程的方法来检验。本文基于理论研究框架，以期望确认度、技能、心流、结构嵌入行为外生潜变量，以粘性行为作为内生潜变量，以满意、感知有用性、习惯、心流以及持续使用意向作为中介潜变量构建结构方程模型。

结构方程模型（Structural Equation Modeling，SEM），也称为潜在变量模型（Latent Variable Models，LVM），是当代行为与社会领域量化研究的重要统计方法之一，本研究假设检验采用结构方程分析方法。结构方程建模（Structure Equation Modeling，SEM）是基于变量的协方差矩阵或相关系数矩阵分析变量间关系的统计方法，它能够有效整合路径分析和因子分析。通过把一系列假设变量之间的因果关系反映为统计因果模式的综合假设，结构方程能够较好地体现解释变量对被解释变量的影响程度。结构方程模型中既包含可以观察到的显性变量（Manifest Variable），也包含无法观察到的潜在变量（Latent Variable），通过线性方程，可以系统地表示显性变量与潜在变量的关系以及潜在变量之间的关系。此外，在结构方程模型中，一个潜在变量必须以两个以上的显性变量来估计。根据博伦（Bollen，1998）的总结，结构方程模型主要有以下五个优点：

（1）可以同时处理多个因变量；

（2）容许自变量和因变量含有测量误差；

（3）可以同时顾及因子结构和因子关系；

（4）容许更大弹性的测量模型；

(5) 能够估计整个模型的拟合程度。

目前结构方程模型已越来越多地被运用在社会、心理、管理以及经济等领域，是学者做实证研究时对模型和假设进行验证的有效工具之一。最常被学者使用的结构方程模型统计软件是 LISREL 和 AMOS，本研究使用 AMOS 17.0 来分析结构方程模型。

结构方程模型中有两个基本的模型：测量模型（Measured Model）和结构模型（Structural Model）。其中测量模型由潜在变量和显性变量组成，主要通过验证性因子分析来分析；结构模型即是潜在变量间因果关系模型的说明，因此也称为因果模型，通常使用路径分析（Path Analysis）来进行分析。测量模型分析所验证的属于假设模型内在模型拟合度（Fitness of Internal Structure of Model），即为模型内在质量的检验，本研究在验证性因子分析中的效度检验部分，已经对测量模型进行了验证性因子分析，证明测量模型具有较好的效度和拟合度，具有较好的内在质量。

本章第一节已经完成了对概念模型的构建，在本章的余下部分，将通过路径分析对模型进行拟合度分析以及假设检验。

### 三 结构方程模型检验

模型拟合度分析主要是为了评价假设的路径分析模型图与收集到的数据是否相互适配，它通过比较再生协方差矩阵和样本协方差矩阵之间的差异，得出拟合度指数来反映模型与数据的拟合程度。模型中假设的各变量之间的关系可以通过 SEM 中的 P 值检验，理论模型是否成立可通过衡量拟合程度的指标来判断，该指标有多个，但没有一个可用来准确测定建模的成功与否，不存在"理想的"拟合指标。在进行理论模型的检验时，应综合考虑多个不同的指标，不能仅依赖于其中某一个指标（Bollen，1998）。本研究选取国内外文献使用频率较高的多个指标来验证理论模型，包括 $\frac{\chi^2}{df}$、GFI、AGFI、NFI、IFI、CFI 与 RMSEA。$\frac{\chi^2}{df}$ 是卡方与自由度的比值。卡方指数是衡量模型整体拟合优度的重要指数，但是以卡方作为验证理论模型与现实的适配程度，很容易受到样本量的干扰，当样本数量超过 200 时，卡方指数的科学性将下降，因此巴戈齐（Bagozzi，1988）建议在衡量模型拟合度时采用卡方和自由度的比值作为标准。一般认为此值在 3 以下是合理的。GFI 与 AGFI 分别是拟合优度指数和调整后的拟合优度指数。前者是对假设模型能够解释的方差和协方差的测度，后者用于。一般认为 GFI 和 AGFI 大于 0.9，表明模型与数据的拟合程度高。葛罗弗（Grover，1993）提出 GFI 和 AGFI 大于 0.8 也可以接受。规范拟合指数（NFI）用以测量独立模型和假设模型之间的卡方缩小比例。NFI 大于 0.9，表明模型与数据的拟合程度高，但此指标易受样本量的影响。增加拟合指数（IFI）由博伦（Bollen，1998）提出，IFI 能够减少 NFI 中的平均值对样本规模的依赖，IFI 大于 0.9，表明模型与数据的拟合程度高。比较拟合指数（CFI）由本特勒（Bentler，1987）提出，通过与独立模型比较来评价拟合程度。CFI 大于 0.9，表明模型与数据的拟合程度高。近似均方根残差（RMSEA）由施泰格尔（Steiger，1980）和林德（Linder，1980）提出，用以反映协方差结构信息。RMSEA 指标对错误模型较为敏感，而且能够惩罚复杂模型。该指标越小越好。施泰格尔（Steiger）认为，RMSEA 取值在 0.08 以下表示较好的拟合，在 0.05 以下表明数据与模型拟合得很好，如果超过 0.1 则表明拟合得很差。另外，在样本数量要求中，农纳利（Nunnally，1978）指出，样本数只要大于测项数目的 10 倍就可以接受，海尔（Hair，1998）指出在利用最大似然估计时，样本数量不得少于 150 个，否则模型可能不会收敛。本研究所用量表的测项数目概念模型为 29 个，有效样本数量符合要求。

分别以样本的相关系数矩阵为输入矩阵，使用 AMOS 估计程序进行结构方程模型分析，各项拟合程度指标见表 5-6。拟合的结果表明，RMSEA 小于 0.09，CFI、NFI、IFI、TLI 均在 0.80 以上，可以看出假设模型与数据的拟合程度较好。根据 AMOS 17.0 的分析，结构方程的计算结果中各变量间的标准化系数估计值见表 5-7。

表 5-6 　　　　　　　　　结构方程模型拟合指数

| 指数 | $X_3$ | RMSEA | NFI | RFI | IFI | TLI | CFI |
| --- | --- | --- | --- | --- | --- | --- | --- |
| 观测值 | 26.52 | 0.079 | 0.899 | 0.883 | 0.905 | 0.889 | 0.905 |

由图 5-3 可以看出，模型中的五个内生变量都有 50% 以上的解释能力，为更清楚地展示假设检验结果，列出了各潜在变量间的标准路径系数和显著性系数。若标准路径系数通过了显著性检验，则其正（负）值就

代表两个潜在变量之间正（负）相关，若没有通过显著性检验，则两个潜在变量之间不相关。显著性系数由 P 值表示，以 1% 的显著性水平对假设进行检验，即 P 值小于 0.01 代表假设成立。假设检验的结果见表 5-7。

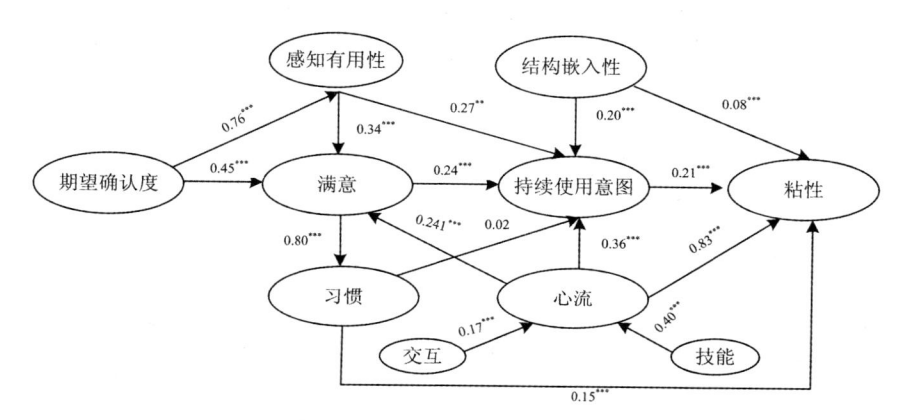

图 5-3  结构方程模型估计结果

粘性行为的影响变量解释了网络粘性行为 93% 的方差，本研究提出的假设模型能很好地解释数据。

表 5-7　　　　　　　　　　标准化路径系数估计值

| 变量间关系 | | | 路径系数 | 对应假设 | 检验结果 |
| --- | --- | --- | --- | --- | --- |
| 粘性 | <--- | 持续使用意向 | 0.21*** | H1 | 支持 |
| 感知有用 | <--- | 期望确认度 | 0.76*** | H2 | 支持 |
| 满意 | <--- | 期望确认度 | 0.45*** | H3 | 支持 |
| 持续使用意向 | <--- | 感知有用 | 0.27*** | H4 | 支持 |
| 满意 | <--- | 感知有用 | 0.34*** | H5 | 支持 |
| 持续使用意向 | <--- | 满意 | 0.24*** | H6 | 支持 |
| 习惯 | <--- | 满意 | 0.80*** | H7 | 支持 |
| 持续使用意向 | <--- | 习惯 | 0.02 | H8 | 不支持 |
| 粘性 | <--- | 习惯 | 0.15*** | H9 | 支持 |
| 持续使用意向 | <--- | 结构嵌入性 | 0.20*** | H10 | 支持 |
| 粘性 | <--- | 结构嵌入性 | 0.08*** | H11 | 支持 |

续表

| 变量间关系 | | | 路径系数 | 对应假设 | 检验结果 |
| --- | --- | --- | --- | --- | --- |
| 满意 | <--- | 心流 | 0.24*** | H12 | 支持 |
| 持续使用意向 | <--- | 心流 | 0.36*** | H13 | 支持 |
| 粘性 | <--- | 心流 | 0.83*** | H14 | 支持 |
| 心流 | <--- | 交互 | 0.17*** | H15 | 支持 |
| 心流 | <--- | 技能 | 0.40*** | H16 | 支持 |

注：***表示在1%的显著性水平下显著。

通过结构方程模型的验证，本研究的16个假设中，有15个成立，1个不成立。其中，本研究所提出的三个影响粘性行为的方面，即持续使用意向、心流及结构嵌入性均被证实显著影响粘性行为。对粘性影响从大到小分别是心流、持续使用意向、结构嵌入性。由假设检验结果可得出以下研究结论。

（1）持续使用意向显著正向影响粘性

在本研究中，持续使用意向对粘性的标准路径系数是0.21，这一假设符合本研究模型中对粘性的定义。即本研究认为粘性行为是一种持续使用行为，因此粘性行为由持续使用意向来预测。在概念模型中，粘性是对行为本身的体现，而持续使用意向是一个测度用户在未来将继续使用网络而不中断的意向的变量。持续使用意向能体现影响行为的动机因素，是反映用户为实施某一行为，愿意尝试并付出努力的强烈程度的指标，在网络这一信息系统中，该结论支持基本假设1。

（2）期望确认度显著正向影响感知有用性、满意度

在概念模型中，假设网络用户对于网络使用的期望一旦得到确认，会增强其关于网络的有用性认知，而一旦感知有用，会强化网络用户的满意感并对其持续使用意向产生正向影响，该假设在研究中得到了确认，期望确认度对感知有用性和满意度的标准路径系数分别是0.76和0.45，这两个假设符合ECM—ISC模型的基本假设。用户对网络的期望是用户在使用网络前其心理的最低标准，同时，用户的这种期望应该包含了多方面的期望，包括使用网络会带来的好处及用户对使用网络的满意程度。若用户的期望过高或者网络的表现太差，都会导致用户在使用网络后达不到期望值，从而使用户产生失望的负面情绪，那么无论是用户感受到的网站的有

用性，还是对网站的满意程度，都会因此而受到负面的影响。然而，如果用户使用过后的感受远远超出了期望，也就是用户的期望确认度比较高，那么这个时候，用户会感觉到该网站比他预想的更有用、更有趣，他更能感到满足。因此，用户对网络的期望确认度会正向影响感知有用性和满意度。

(3) 感知有用性显著正向影响持续使用意向和满意度

在本研究中，感知有用性对持续使用意向的标准路径系数是 0.27，这一假设符合本研究模型的假设。用户的感知有用性主要体现在使用网络对其工作及生活的促进和帮助。用户可以通过网络实现信息搜寻、娱乐游戏以及交流沟通等功能，这些功能给用户所带来的工作和生活绩效的提升会强化用户对网络有用性的感知，增强对网络的满意度，进一步提高继续使用网络的可能性，即产生持续使用的意向。

(4) 满意度显著正向影响习惯形成，并显著正向影响持续使用意向

满意度一直是网络用户持续使用行为的重要影响因素，期望确认度影响满意度，而满意度影响持续使用意向的产生，该结论在本研究中再次得到确认，满意度对持续使用意向的路径系数为 0.24，满意度直接影响了持续使用意向的形成，用户因此才会持续使用网络并进一步粘附于网络。从模型中可看出，感知有用性及期望确认度等影响了用户对网络表现的心理评价，这说明在网络使用过程中，用户对有用性的感知和期望的满足程度都是影响其满意度的关键变量，只有达到了满意度，网络用户的满意感才会促使其习惯的形成，而习惯一旦形成，又会正向影响持续使用意向的产生，满意感对习惯形成的促进作用在数据分析中也得到了确认，路径系数为 0.80。

(5) 习惯显著正向影响粘性，但对持续使用意向影响不显著

习惯对持续使用意向的正向影响作用没有通过检验，路径系数仅为 0.02，但是习惯对于粘性的影响非常显著，路径系数为 0.15，表明习惯的无意识行为特征，如特里安迪斯（Triandis, 1980）定义习惯是自动的或已变成自动的，以致它发生时没有自我指导（self - instruction）的存在。上网习惯的人群从形式上看具有无意识地粘附于网络的特点，可以认为行为受到习惯的影响，可作为后续行为的预测因素，因为行为的重复导致习惯的形成。

(6) 结构嵌入性显著正向影响粘性，且显著正向影响持续使用意向

作为近年来在社会网络研究中受到关注的一个变量，结构嵌入性变量

由于在现实网络应用中表现明显而进入本文的研究视线，本研究认为结构嵌入性会正向促使持续使用意向的产生，该假设在数据分析中得到了印证，其路径系数为 0.20，支持假设 10。即用户主观上认为其社交关系网络中的很多人都在使用网络，那么用户就有更强烈学习组织中其他人的社会规范，产生更强的持续使用意向，并且在与其余人的交往过程中甚至会不由自主地依赖于网络，出现粘附于网络的情况，更进一步印证了假设 11。

（7）心流显著正向影响粘性，且显著正向影响持续使用意向

心流是对以计算机为媒介的环境下用户产生的一种心理上的愉悦感的描述。本研究发现心流显著提高了持续使用意向，并且对网络粘性产生了直接显著影响。心流提升满意感进而影响持续使用意向的假设在研究中也得到了确认。数据分析表明，心流与满意之间的路径系数为 0.24，心流与持续使用意向之间的路径系数为 0.36，支持假设 12 和假设 13。露丝（Ruth，2001）认为网络用户的心流特征会促使网络粘性产生的观点在本研究中也得到验证，心流对粘性的影响路径达到 0.83，且非常显著，进一步验证了心流状态出现时所伴随的时间扭曲感最终导致消费者长时间流连于网络，这一结论也揭示了本研究前期提出的粘性具有心理依赖特征的认识。同时心流的两个前因变量技能和交互对心流的影响作用在文中也得到了确认。

## 四 人口统计变量及调节变量的影响分析

从表 5-8 可以看出，人口统计特征中，性别、家庭结构、学历、职业、收入和所在区域对粘性行为的影响不显著，年龄、婚姻状况以及网龄对粘性行为的影响比较显著。具有网络粘性特征的群体年龄多集中在 25~35 岁，本研究考虑这是因为：首先，该年龄段的群体由于学习或工作的原因对网络的依赖性相对较强；其次，这部分人群参加工作时间不是很长，有稳定收入但收入有限，同时他们精力旺盛，因此会更倾向于选择网络进行消费和娱乐。网络粘性在婚姻方面多表现在单身和已婚有小孩的群体中。这是因为未婚群体时间较为自由，有充足的时间沉浸于虚拟世界中；另外，对已婚有小孩的家庭而言，网络是利用照顾孩子的时间碎片与外部世界进行联系最为便利的方式，因此他们更易在网上消磨时间。粘性群体的网龄多集中在 6~10 年，这类群体有丰富的网络使用经验，认为自

身有足够能力驾驭网络，对各种应用都得心应手，所以不论是这种熟练的技能所带来的成就感，还是所导致的风险降低，都使其容易产生粘性。同时，这部分人群还没有对网络产生厌烦感，随着网络的发展和创新，又会使这类群体更加地粘附于网络。

表5-8　　　　　　　　　　人口统计变量粘性特征表

| 变量 | 显著性检验概率 | 是否显著 |
| --- | --- | --- |
| 性别 | 0.322 | 否 |
| 年龄 | 0.008 | 是 |
| 婚姻 | 0.000 | 是 |
| 家庭结构 | 0.846 | 否 |
| 网龄 | 0.000 | 是 |
| 学历 | 0.607 | 否 |
| 职业 | 0.238 | 否 |
| 收入 | 0.245 | 否 |
| 区域 | 0.980 | 否 |

在结构方程模型分析中显示，习惯对持续使用意向的直接作用关系不显著，不能说明习惯对行为意向的直接影响。但是习惯这个变量对行为的影响在利马伊美等（Limayem et al.，2007）的研究中已得到了证实，他们发现习惯变量越强，持续使用意向对持续使用行为的预测能力就越弱。因此，本研究继续探寻习惯作为调节变量对粘性行为的影响。

首先以持续使用意向为自变量，以习惯为调节变量，用琼森（Jonsson's）双步骤因素分析度量习惯作为调节变量的作用。分析结果的拟合指标为：$\chi^2(41) = 1301.579$，$RMSEA = 0.097$；$TLI = 0.913$；$CFI = 0.935$。习惯与持续使用意向的交互项作用对粘性因子得分的路径系数显著（$\gamma = -0.032$；$SE = 0.009$；$p < 0.05$），这表明习惯可以显著地负向调节持续使用意向与粘性之间的关系。

本研究证实，持续使用意向水平较高的网络用户的粘性水平也较高。持续使用意向是一个测度用户在未来将继续使用网络而不中断的意向的变量，是反映用户为实施某一行为，愿意尝试并付出努力的强烈程度的指标。而网络粘性被认为是一种持续使用并具有一定心理依赖特征的行为。因此,当持续使用意向强烈到一定程度,足以克服这种行为所需要的成本时,网络用户就会将这种持续使用意向转化为持续使用行为,同时,如果这种持续使用行为伴随着心理依赖特征出现,这种行为就变成了粘性行为。可见,持续使用意向是粘性行为的前置因素,粘性行为可以由持续使用意向来预测。结构方程模型分析的结果验证了习惯对持续使用意向与网络粘性行为之间的调节作用,习惯显著地负向调节持续使用意向与粘性之间的关系,即当习惯水平越高时,持续使用意向对粘性的预测能力就越低。

根据 CNNIC 报告,截至 2012 年 12 月底,中国网民的性别比例为男性 55.0%,比女性高出 10 个百分点,近年来中国网民性别比例保持基本稳定。不管男性还是女性网民,在使用网络应用的过程中都会有心流产生。心流是因为专注投入某些事物而产生的一种心理上的反应,它的产生跟性别没有关系,性别并不能成为影响心流产生的因素。也就是说性别作为调节变量,对心流和粘性的调节作用不明显。结构方程模型的分析结果验证了这一结论。

本研究以心流为自变量,以性别为调节变量,用多群组 SEM 方法检验不同性别的人群的心流对粘性的影响是否显著。分析结果为:logit = $-3.604 + 0.844X_2 + 0.312X_3 + 0.592X_4$,RMSEA = 0.098;CFI = 0.818,TLI = 0.811。限制模型中 p = 0.063 > 0.05,在 5% 的显著性水平下多群组间协方差可视为相同,即不同性别群组的心流所产生的粘性没有显著差异。这说明调节变量性别对心流和粘性的调节作用并不明显。

## 五 研究结果讨论

1. 在概念模型的构建过程中,通过大量阅读相关文献,曾建立了这样的认知:网络粘性形成的过程中既有网络用户个性因素的影响,也有外部环境因素的影响。从数据分析结论看,网络用户的自身感知对于网络粘性的影响相对较大,如用户的期望确认度、感知有用性、满意度、使用习惯等个人因素与网络粘性形成之间的相关度都比较高,而社会网络中的结构嵌入这样的外生变量的影响因素对网络粘性形成的影响虽然显著,但是影响力度相对其他变量来说较小,这说明在网络粘性形成的过程中,用户的个人意向及个性因素的影响相对较大。在关于个人因素的分析中,本研究发现网络用户的年龄、网龄及婚姻状况等人口特征因素的差异表现出的粘性也是有显著区别的，更进一步地厘清了个人因素在网络粘性形成过程中的影响和作用。

2. 在基于心流理论的粘性影响因素分析中发现，心流这个结构变量对粘性的形成以及持续使用意向的形成都有非常显著的正向影响作用，在文献研究中，本研究发现不同性别群体的心流体验存在差异，因此，将性别作为调节变量，分析了性别与心流的交互作用对粘性的影响，结果发现，性别作为调节变量，对心流和粘性的调节作用不明显。因此笔者建议，当网站商家想改变网络用户粘性时，不宜采用以性别为划分原则的措施。

3. 基于持续使用的网络粘性形成假说在实证研究阶段也得以证明。持续使用意向对粘性的强预测作用也体现较明显，为对粘性的认识提供了强有力的实证证据，也再次印证了粘性所具有的长时间、重复使用的特征。

4. 在模型研究中发现，习惯对于粘性的形成有显著作用，但与持续使用意向的关系不明显，这和文献研究中的大多数结论不吻合。从习惯这个变量本身的特点看，它是一种不自觉的行为表现，具有上网习惯的用户会不自觉地粘附于网络而不自知。鉴于其对持续使用意向影响不显著，本研究将进一步分析习惯作为调节变量是否影响持续使用意向对粘性的作用。结果发现，习惯显著的负向调节持续使用意向与粘性之间的关系，即当习惯水平越高时，持续使用意向对粘性的预测能力就越低。

5. 基于对网络粘性的基本认识，本研究一直认为网络粘性一旦形成，有正向和负向两种不同的效用。其正向效用主要是可以促进企业建立稳定的客户群体，促进网络企业经济效益的提高。从这一点意义上说，本研究成果从网络粘性形成机理的角度为企业提供了深入了解粘性客户群体的新视角，同时也可以从这一新视角帮助理解网络粘性并研究相关的转化、控制方法，以帮助网络用户创造更为健康的网络生活，从而兼顾企业和网络用户的双重利益，实现网络经济的长久、健康发展。

# 第三篇　比较分析篇

# 第六章 不同国家和地区网络应用现状及粘性行为分析

本章将通过对四个国家和地区用户的网络应用行为特点进行分析，比较与中国网络用户的差异，最终形成对于网络粘性行为在其他国家和地区发展现状的清晰认识。

## 第一节 美国网络应用现状及粘性行为分析

### 一 美国互联网发展现状及网民特征

美国是一个互联网普及率非常高的国家，艾瑞咨询根据 eMarketer 发布的 2008—2014 年美国互联网用户规模数据发现（如图 6-1 所示），美国网络用户规模呈现不断上升的趋势。2008 年用户规模为 2.03 亿，2009 年则上升至 2.11 亿，普及率达到 68.9%，预计到 2014 年互联网用户规模将达到 2.51 亿，普及率达到 77.8%。

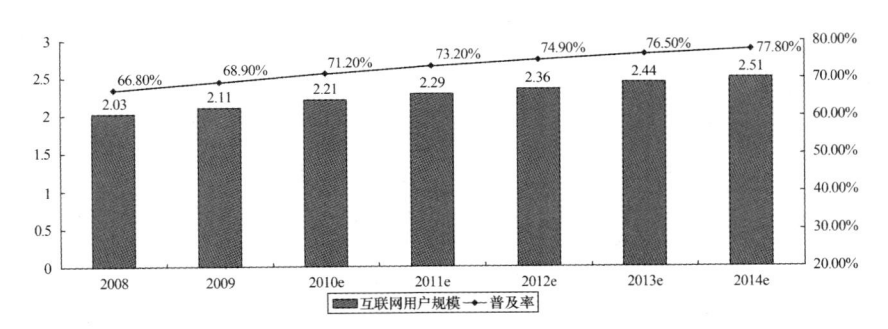

图 6-1 2008—2014 美国互联网用户规模和普及率

数据来源：eMarketer，2010。

除普及率高之外，美国的网络用户在构成方面也具有明显的特征。2010年的数据显示，中国网络用户的平均年龄在25岁左右，而美国网络用户的平均年龄为42岁，目前18~44岁的年轻人构成了美国网络用户的主体，占全国网络用户的53%。此外，美国女性网络用户数量超过男性用户。美国南加利福尼亚大学2007年公布的一份报告指出，2000年之后美国女性网络用户的增长速度就明显高于男性，女性网络用户的数量在2006年首次超过男性。

## 二 美国网络用户网络应用现状

互联网在美国民众中不断普及的同时，网络用户对网络的应用也在不断深入，绝大部分网络应用都呈现增长态势，尤其是社交网站的使用率增长居各种应用之首。

美国互联网调查机构皮尤网络与美国生活项目（Pew Internet and American Life Project）研究中心调查数据显示，美国网络用户花在社交网站上的时间已经占据全部在线时间的18%。2006年以来，人们花在社交网站上的时间已经从每月2.7小时发展到现在的每月6.9小时。越来越多的人加入到社交网络中来，Facebook的月活跃用户已经超过10亿，网络用户中拥有一个社交网络账号的占比已经从2008年的24%大幅上升到2012年的56%，每天使用社交网络的比例也从2008年的5%增长到现在的22%。从2005年至今，使用社交网站的美国人的比例呈现不断增长的趋势。

美国有60%以上的网络用户每天使用社交网站，其中年收入在30000~49999美元的人群中有70%使用社交网络。另外在使用社交网络的人群中，女性用户比男性用户高出近10个百分点，同时社交网络得到了从高中到研究生各学历层次人群的追捧。

图6-2是2011年社交网站用户的年龄分布图，从中我们可以看出社交网络已经被各个年龄段的美国网络用户广泛接受，成为人们生活中重要的社交平台。

第六章 不同国家和地区网络应用现状及粘性行为分析

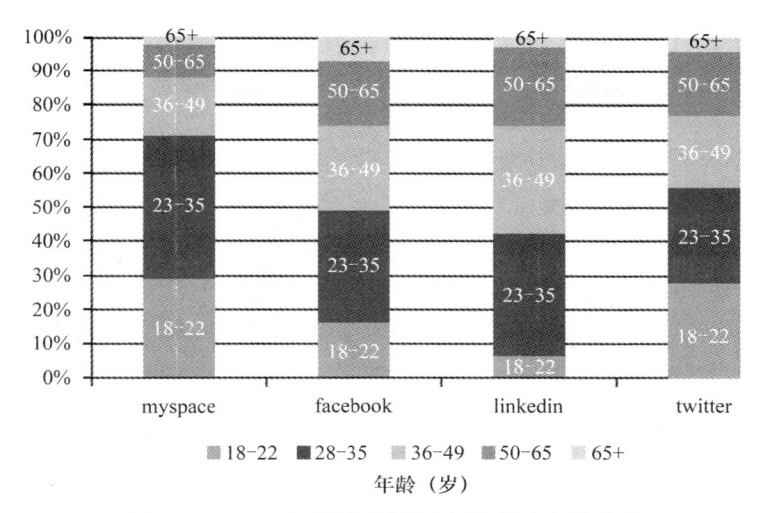

图6-2 2011年美国四大社交网站用户年龄分布

数据来源：Pew 2011 数据。

除社交外，网络也是美国网络用户获得信息的重要渠道。2011年8月15日美国互联网调查机构皮尤公布的最新调查结果表明，美国92%的成年网络用户通过搜索引擎在网上查找信息，搜索引擎在年轻的成年网络用户当中最受欢迎。而依赖电子邮件的美国成年人也达到相同的比例。

在使用网络的娱乐功能方面，尼尔森发布的2011年数据显示，2011年5月份，美国网民平均视频浏览时间是4小时20分钟。尼尔森表示，2011年5月份，美国用户平均在Hulu上耗时5小时，因此Hulu是粘性最大的网站，但是按独立访问人数计算，排名第一的仍是YouTube，访问人数达到1.118亿，几乎是排名第二的Vevo的3倍。

在网络购物方面，美国的网络消费总额惊人，仅2008年美国网络消费总额就达到了2144亿美元，比上年度增加了7个百分点；其中，旅游电子商务消费总额很高，占到了总量的近三分之一，达到了843亿美元，增加了9个百分点；增长最快的在线零售商品是手持游戏机及配件，其他增长较快的商品包括运动健身器材类（增长率为25%）、家居园艺和家具类（增长率为25%），这两类商品的增长都源于消费者日益增加的在线购买的意愿。

由于全球性经济危机的影响，电子商务零售交易总额在2009年仅为1441亿美元，但在随后的两年，电子商务零售市场就开始出现强劲的复苏，2010年增长到1654亿，增长率为14.8%。根据eMarketer的研究报告显示，2011年电子商务零售交易额将达到1881亿美元。同时，艾瑞对近八年美国电子商务零售交易额做出统计和预测，如图6-3所示。

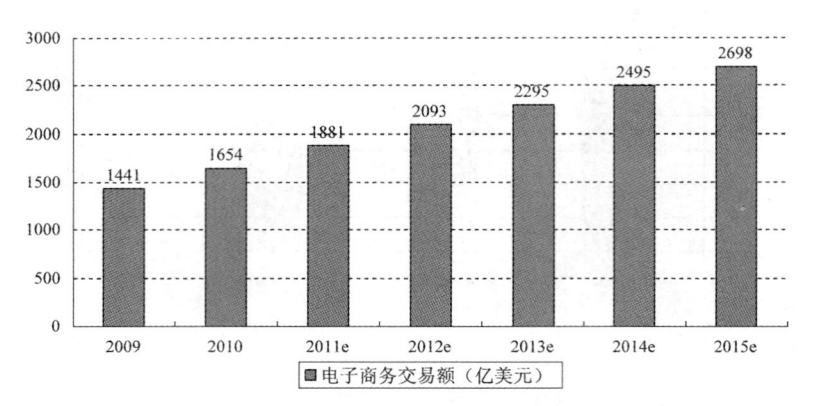

图6-3 美国电子商务交易额

数据来源：IResearch艾瑞数据。

另外，根据艾瑞的统计及预测（如图6-4所示），美国网络购物渗透率达71.2%，预计这一数据到2015年会提高到76.3%。可见美国网络购物用户渗透率已经达到较高水平，未来增长潜力有限。根据分析，美国网络购物用户渗透率高的原因有两点：第一是美国互联网普及程度很高，人们对于网购的接受程度很高；第二是美国与中国国内环境相比，其电子商务在物流、物品质量、物价、网上支付、信用体系等方面有全面的控制和保障措施，因而美国网络用户对于网络购物的担心和抱怨较少，愿意亲身感受网购的便利和快捷。

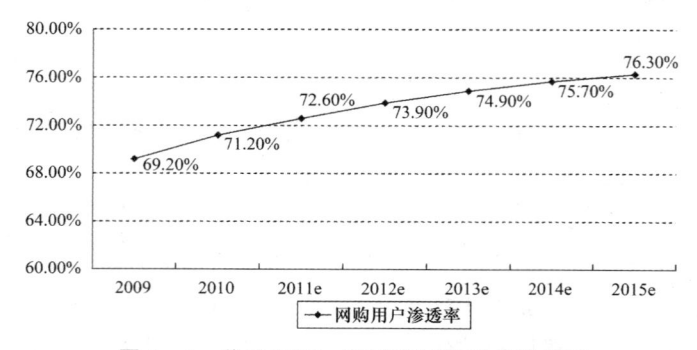

图6-4 美国2009—2015年网购用户渗透率

数据来源：IResearch艾瑞数据。

### 三 美国网络用户网络粘性行为特征

本课题研究的网络粘性行为被认为是一种具有一定心理依赖特征的重复、持续使用网络的行为。根据粘性行为的界定，结合美国网络用户的网络应用行为，我们以社交网络应用为例对用户粘性行为特征进行分析。

（一）网络用户在社交网络应用上表现出来的粘性行为较为突出

由于社交网络已经成为美国用户上网的第一大应用项目，应用范围也十分广泛，因此，用户粘性行为在社交网络应用上表现得也十分突出。首先，黏附时间长是这类用户的一大特点。据统计，美国网络用户平均每月使用 Facebook 的时间是 465 分钟，照此推算，Facebook 每月在全球范围内活跃用户有 9 亿多，一个月花在 Facebook 上的时间总和为 80 万年。

其次，重复、持续使用是另一大特色。2009 年国外研究机构 Nucleus Research 调查发现：在公司，77% 的员工拥有 Facebook 账号，其中近三分之二的员工会在上班时间每天至少检查一次 Facebook 的内容，并且每天花费的时间都在 15 分钟左右，同时，尼尔森 2011 年的报告显示，目前社交网络和博客占据了美国网络用户的大部分时间，这个比例接近 25%；活跃的网络用户（每天上网）有五分之四会访问社交网络。

（二）具有粘性特征的用户范围更广，其中年龄较大用户的比重有上升趋势

除了青少年团体，网络用户中 30 岁以下的美国成年人使用社交媒体更为频繁，其中有 61% 的人每天都会登录 Facebook 网站。现在，不仅仅是年轻人通过网络与朋友、家人和同事进行联系，社交网络用户中年纪较大用户的增长率也在持续上升。在性别方面，根据尼尔森的报告显示，社交媒体和博客的访问者主要是女性，18~34 岁的女性是所有年龄段中最活跃的人群。

### 四 中美网络用户粘性行为表现差异分析

美国网络用户与中国网络用户粘性行为的差异主要表现在以下三个方面。

首先，在网络应用方面，美国网络用户最喜欢使用社交网络，而中国网络用户更喜欢使用网络的娱乐功能。大多数美国网络用户希望通过社交

网络与朋友建立牢固的联系，使用社交网络的主要目的是为了联系亲戚和朋友。约三分之二的社交平台用户表示，和朋友及家人保持联系是他们使用社交网络的主要原因。同时，超过半数的网络用户使用社交网络的另一目的是为了找到那些因为种种原因失去联系的老朋友。还有大约14%的用户表示使用社交媒体的主要目的是同那些有着共同爱好和兴趣的人交流，9%的用户使用社交媒体主要是为了交朋友，5%的用户主要是为了看名人、运动员、政客们发表的观点和评论，在社交媒体上寻找交往对象或者约会对象的人数只占了大约3%。

其次，在人均使用社交网络、视频网站的时间和频率方面，我们可以参看表6-1和表6-2中美两国用户的比较。

表6-1　　　　2011年中美两国网络用户观看视频情况比较

|  | 美国 | 中国 |
| --- | --- | --- |
| 使用人数 | 1.4503亿 | 3.25亿 |
| 使用比例 | 52% | 63.4% |
| 增长比例 | 6% | 1.3% |
| 访问时间 | 4小时20分/月 | 10小时12分/月 |
| 访问视频数 | 1.03个/天 | 1.84个/天 |

数据来源：美国皮尤网络与美国生活项目（Pew）研究中心，2011。

从表6-1可以看出，中国网络用户在2011年平均月观看时间达到10个小时，是美国的两倍多，而每天访问的网站数量也略多于美国，因此中国网络用户比美国网络用户表现出更强的粘性。

表6-2　　　　2011年中美网络用户社交网络使用情况比较

|  | 美国 | 中国 |
| --- | --- | --- |
| 使用人数 | 1.403亿 | 2.35亿 |
| 使用人数比例 | 61% | 51.4% |
| 人均花费时间 | 上网时间的25% | 上网时间的11% |
| 活跃网络用户人数每天至少访问一次 | 80% | 34.7% |

数据来源：美国皮尤网络与美国生活项目（Pew）研究中心，2011。

从表 6-2 可以看出，80% 的美国网络用户每天都要访问社交网络，所花费的时间占到所有上网时间的四分之一，而中国只有 34% 的网络用户每天访问社交网络，所花费的时间占到所有上网时间的不到 35%，这说明美国社交网络用户在社交网络应用上的粘性程度较中国要高。

最后，从心理层面上看，2012 年 2 月尼尔森在线研究团队分别选取中美两国最具代表性的社交媒体——人人网和 Facebook 作为比较对象，对用户使用行为进行研究显示，中国社交网络用户心态更加开放并乐于分享（见表 6-3）。

表 6-3　　　　　　　　Facebook 与人人网的比较

|  |  | 人人网 | Facebook |
| --- | --- | --- | --- |
| 在网站使用的用户名称是什么 | 我的真名 | 52.10% | 89.70% |
|  | 与真实身份相关的昵称 | 44.40% | 10.60% |
|  | 完全匿名 | 9.10% | 5.60% |
| 发布"非常个人的信息"的频率如何 | 经常发布 | 24.20% | 8.80% |
|  | 有时候发布 | 35.80% | 27.20% |
|  | 很少发布 | 29.90% | 36.30% |
|  | 从不发布 | 9.10% | 27.70% |
| 如何应对陌生人的好友申请 | 接受好友申请 | 58.50% | 25.50% |
|  | 忽略好友申请 | 16.10% | 19.10% |
|  | 尝试先了解这个人 | 25.40% | 55.30% |
| 是否允许网站获取您的地理位置 | 允许 | 37.50% | 24.30% |
|  | 不允许 | 62.50% | 75.70% |

从发布内容来看，36% 的 Facebook 用户经常或有时候发布"非常个人的信息"，而人人网的这一比例高达 60%；在接受好友请求和共享位置信息方面，中国社交网用户也表现出了更强的开放性，58.5% 的人人网用户表示"愿意接受好友申请"，Facebook 仅为 25.5%，另外，人人网用户允许网站获取其地理信息的比例也高出 Facebook 13.2%。这表明，对于中国网络用户而言，社会化媒体是一个虚拟化程度更高的平台，在涉及个人信息的行为上中国网络用户更加开放、活跃，中美不同的社会文化或是

导致用户行为差异的重要原因。但是社交网络的广泛应用，也会导致一些负面影响，例如，睡眠时间急剧减少，正常生活秩序被扰乱，不愿与身边的人进行交流，影响工作效率等。

很多人都会使用社交媒体，而且大都对其持积极态度。总体而言，对社交网络相关的积极回应远远大于负面和中性的回应。美国超过一半的受访者都会使用积极性词汇来描述自己的社交体验，其中被高频率提及的词汇包括"好玩"、"很棒"、"有趣"和"方便"等，较不常见的形容词有"令人震惊"、"必要"等。可见美国网络用户在追求趣味的同时也不会忽略使用价值。我国的一些心理杂志研究表明，在国内由于社交网络给内向的人提供了自我推介的平台，他们可以通过更新个人资料页面中的照片，随时上传自己的得意文章等，以博得他人的赞扬和关注，这也是自恋心理的一种表现。

需要注意的是，过多地黏附于社交网络，使用其进行交友、与亲朋好友联络等，可能会影响这类网络用户的正常生活，比如由于自控性减弱带来生活上的问题，或是通过 Facebook 之类的社交网站发生婚外情和出轨等，这类人群的粘性表现已不局限于心理上的反映，而是已经对个人的正常生活造成了严重伤害，说明这类人群属于高风险人群。

## 第二节　南非网络应用现状及粘性行为分析

### 一　南非用户网络应用现状

南非互联网发展快速，目前已成为非洲大陆互联网发展最快的国家之一。据统计，在人口约 5000 万的南非，2009 年网络用户为 530 万，2010 年上升至 680 万，2011 年升至 850 万，2012 年末突破 1000 万。在这些用户中，大约 600 万用户通过台式电脑和笔记本电脑上网，大约 790 万用户通过手机上网。

作为南非著名的聊天软件，MXit 吸引了 24% 的年龄在 16 岁及以上手机用户的关注（其中城市用户占 29%，农村用户占 19%）。但是，Facebook 正在迅速赶超，在 16 岁以上城市用户的占有率已经超越了 MXit，其比例达到 30%。

此外，最大的变化来自电子邮件进入农村后所产生的用户群及城市用户的增长。其城市使用率由2009年的10%上升至2010年年底的27%。农村使用率增长相对较慢,但也处于增长状态。

根据最新南非互联网使用者调查报告,大部分南非网络用户都是受过良好教育的白人男性。另外De Villiers和Van der Merwe（2001）的研究也得出了类似的结论,发现南非互联网用户大部分都是讲英语的男性,年龄在30~39岁之间,有大学学历并且年薪高于15万。同时还发现,大部分网络用户的网龄都超过3年,并且最常使用的功能是电子邮件和网络浏览。

**二 南非网络用户粘性行为现状及特征**

2005年,Thatcher在他的《对南非网络成瘾的定义》一文中,对1795个样本进行了分析,将样本人群分为高风险人群和无风险人群两类,高风险人群是极易对网络产生成瘾和依赖心理的人群,而无风险人群是很难产生成瘾行为的人群。作者在文中提到的高风险人群的特征就是尚未成瘾,但有很强成瘾趋势的网络用户,类似于本研究中的粘性群体。因此下面将依据该研究结论,总结归纳出南非这两类不同粘性网络用户的行为特征。

（一）高风险人群网络粘性行为特征

首先从上网地点看,高风险人群中有83%更愿意选择在家里上网,相比之下,无风险人群中只有69%选择在家上网。

从使用时间上看,高风险人群中99%的用户每周七天都会使用网络,大部分用户上网时间会持续13个小时。在使用时间长度上,无风险人群与高风险人群没有较大的区别,也是每周七天都会使用网络,但是无风险人群一般每次上网的时间都比较短,只有61%的用户每次花费1小时在网络上。高风险群体上网时间一般都在23点到第二天8点,而无风险群体一般是在8点到18点和18点到23点这两个时间段。

在网络应用方面,80%的高风险人群更愿意使用网络进行娱乐,无风险人群中只有15%表示有这样的意愿。具体来说,高风险群体更愿意参加网上讨论、下载音乐、下载软件以及即时信息通信,也更喜欢玩网络游戏,最后才是文件分享和传输。而无风险群体一般只是发送邮件、新闻浏览、搜寻信息和网上银行。

在使用目的和态度上,高风险群体一般把时间花在追求友谊、娱乐、自由和新体验上。而低风险群体一般把时间花在获取知识、信息、友谊、娱乐，追求自由以及独立上。

（二）无风险人群网络粘性行为特征

无风险群体常将限制感、控制感和色情与网络使用联系在一起。高风险群体常将亲密感等正面情绪与网络使用行为相联系，很少将压抑、挫折与网络使用相联系。因此高风险群体比无风险群体更容易有正面的情绪联想。

总之，南非高风险人群和无风险人群的行为特征见表6-4。

表6-4　　　　　　　　南非互联网用户高低风险人群比较

|  | 高风险人群 | 无风险人群 |
| --- | --- | --- |
| 使用频率 | 每周七天 | 不定 |
| 持续时间 | 每次13个小时 | 每次最多1小时 |
| 上网时间 | 23：00至次日08：00 | 08：00~18：00　18：00~23：00 |
| 使用内容 | 即时通信、网络游戏 | 新闻浏览、信息搜寻 |
| 使用目的 | 友谊、娱乐、自由 | 知识、信息、友谊 |
| 使用态度 | 倾向于亲密感等正面情绪 | 倾向于控制、风险等负面情绪 |

通过以上分析，南非网络用户对于网络的应用主要表现在两个方面：一是出于工作等需求要搜寻信息和查收邮件；二是出于娱乐目的，进行网上聊天和网上游戏。因此，网络用户的粘性行为也主要体现在互联网的娱乐功能上。

从访问频率看，高风险人群几乎每天都会使用网络；从访问时间上看，每次都会花费13个小时；从涉入程度上看，热衷于使用网络的群体常持有亲密感、愉悦性等正面情感，认为上网可以暂时使其逃离真实生活中的问题和压力，得到心理上的安慰。可见其与互联网已建立起很深的互动关系，有较高的涉入度。

从心理方面分析，喜欢使用网络游戏和网络聊天工具的南非网络用户，认为上网可以使其暂时逃离真实生活中的问题，寻求暂时的快乐和享受。

### 三 中国与南非网络用户粘性行为特征的比较分析

南非网络用户粘性行为特点与中国网络用户相比，主要体现在以下两个方面。

第一，南非网络用户大多因为工作需要使用网络进行日常的信息搜索和邮件收发活动，每次最多花 1 个小时，说明涉入程度较低，网络应用占到日常生活的比重也不高，使用者的心理和行为都没有明显的表现，说明其粘性行为还处在初级阶段，属于低风险行为，相对而言，中国网络用户涉入程度较高，网络应用的比重也较高，粘性行为特征较为明显。

第二，部分南非网络用户和中国网络用户一样，也喜欢应用网络实现娱乐目的，例如网络交流和网络游戏，追求的是新鲜自由的感受，或者逃避现实的压力或困惑。上网时间一般都在晚上 11 点以后，访问的频率、时间、深度都较高，会影响正常的工作和休息。

## 第三节 韩国网络应用现状及粘性行为分析

### 一 韩国网络应用现状

（一）网络普及率高

韩国互联网发展较早且发展迅速，有 30% 的家庭安装宽带网络，家庭接触网络的时间比美国和其他西方国家都长，因此互联网普及率较高是其突出特点。2007 年以后，韩国 10 岁、20 岁、30 岁网络用户的上网率已经超过 99%，根据韩国放送通信委员会统计，截至 2012 年，韩国年满 3 岁的公民中，有近 78% 是互联网用户，其上网频率大约是加拿大的两倍和日本的四倍。

（二）网络用户增长率变缓，年龄覆盖面渐宽

互联网普及率较高带来的一个问题是近年来韩国网络用户的增长率已逐步变慢，事实上，自 2007 年以后韩国的上网增长率就一直停留在 1% 左右。同时，和全球互联网普及率高的其他国家一样，年龄大的网民逐年增多也成为韩国互联网发展的特色之一，尤其是因为韩国年轻人中的上网率本已十分高，所以 40 岁以上的网络用户就成为近年来网络用户增长中一支十分显著的力量。

### (三) 韩国网络用户对网络游戏的依赖心理相当严重

韩国网络的开放和发达以及游戏产业的高度发展，导致韩国网络用户最突出的问题就是对网络游戏的依赖。韩国是全球网络游戏成瘾最严重的国家之一，10%的少年儿童网络游戏成瘾。心理学家指出，网络游戏成瘾已经成为韩国最严重的社会问题之一。

## 二 韩国网络用户粘性行为特征

在里奥（Leo，2003）的研究中，将网络成瘾简称为 IA（internet addicts），可能成瘾倾向简称为 PA（possible internet addicts），无成瘾倾向简称为 NA（non-addicts），并通过对韩国网络用户的网络应用行为进行调查，提出三类不同的网络使用者在不同的网络应用中所占的比例（如图6-5所示）。PA 是具有极易成为成瘾倾向的状态，类似于本研究中的粘性行为。

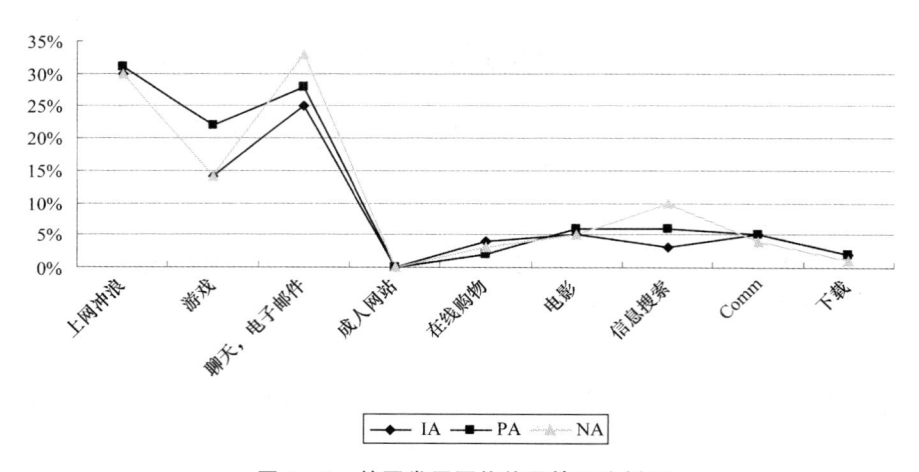

图 6-5 韩国常用网络使用情况比例图

从图 6-5 可以看出，韩国网络用户中的极易网络成瘾群体，互联网应用行为有比较明显的倾向，绝大多数使用上网冲浪、游戏以及交流类应用。韩国网络游戏产业较为发达，下文就以韩国青少年为研究对象，分析其网络游戏中的粘性行为特征。

### （一）访问频率高、持续时间长是其行为的突出表现

大约 69% 的韩国青少年每天都至少访问一次游戏网站，每次玩的时

间都超过 2 个小时,其中一天玩 3 个小时以上游戏的青少年达 20.2%。大约 18% 的青少年认为自己有网络成瘾的倾向,同时为自己深陷其中而痛苦。

(二)在游戏方面消费较高,但情感涉入原因不同

40% 以上的青少年平均 1 个月玩网络游戏的费用为 40 元人民币,男性比女性支出的费用多,高花费游戏用户(年消费额 1000 元以上的用户)占到 25.7%。可见,韩国青少年在网络游戏上投入的金钱较多。

韩国青少年对于网络游戏的情感涉入分为两种情况:一种是将网络游戏作为建立人际关系的重要途径和消除压力的方式;另一种情况则将其完全作为逃避现实,树立全新网络形象的一种途径。

(三)对青少年的生活方式变化有长期影响

最新的研究表明:网络游戏给青少年生活方式带来很多变化,游戏网友等网上社团成为青少年人际关系形成的重要途径,且以互联网游戏为媒介的网上人际关系在青少年日常生活中的作用不亚于现实世界的人际关系。这些都有可能对青少年以后的生活方式产生影响。

## 三 中韩网络用户粘性行为比较分析

下面我们就中韩网络用户在网络游戏粘性行为中的差异进行比较(见表 6-5)。

(一)韩国青少年游戏网络用户比例远高于中国

表 6-5　　　　中韩网络游戏用户在时间和金钱花费的比较

|  | 韩国 | 中国 |
| --- | --- | --- |
| 占网络用户总人数的比例 | 70% | 31.8% |
| 花费时间 | 71% 至少每天玩 1 个小时 | 50% 至少每天玩 1 个小时 |
| 花费金钱 | 40 元人民币以上 | 100 元人民币以上 |

从表 6-5 可以看出,与中国网络用户相比,韩国青少年的粘性行为主要体现在网络游戏上,70% 的韩国青少年都会网络游戏,另外,70% 的游戏使用者每天都会至少花费 1 个小时玩游戏,比例超过中国国内 20 个百分点。

### (二) 更多的韩国用户对网络游戏持积极态度

不同于中国网络用户对游戏的态度，在韩国，认为网络游戏对网络用户会产生积极和消极两方面的影响：青少年通过网络游戏消除学业压力，培养对信息社会新技术的适应力，并且网络游戏社区是青少年人际关系形成的重要途径，且以互联网游戏为媒介的网上人际关系在青少年日常生活中的作用将不亚于现实世界的人际关系。但是，如果游戏成瘾，则会严重影响青少年正常的工作和生活。

### (三) 中韩两方都将游戏视为逃避现实的工具

从心理层面分析，网络游戏经常被作为逃避现实、摆脱压力的方式。另外，虚拟的网络世界可以使使用者摆脱个人身份的限制，自由发挥其个人魅力，并且与陌生人交流不受限制，易于建立亲密关系。

因此，使用网络游戏可以帮助用户获得暂时的轻松和自由，从韩国青少年的表现来看，心理和行为上的依赖都比较强，或多或少会影响其学业和生活。

## 第四节 欧洲网络应用现状及粘性行为分析

### 一 欧洲网络应用现状

2012 年，瑞典互联网市场研究公司报道称，在过去 5 年中，全球各地网民数量都呈迅猛增长之势，具体数据见表 6-6。

表 6-6  全球各地网民数量变化

|   | 2007 年（亿） | 2012 年（亿） | 网民数量增幅（%） | 新增网民占比（%） |
|---|---|---|---|---|
| 非洲 | 0.34 | 1.4 | 317 | 9.6 |
| 亚洲 | 4.18 | 10 | 143 | 53.8 |
| 欧洲 | 3.22 | 5.01 | 56 | 16.1 |
| 中东地区 | 0.2 | 0.77 | 294 | 5.2 |
| 北美地区 | 2.33 | 2.73 | 17 | 3.6 |
| 拉美地区 | 1.1 | 2.36 | 114 | 11.3 |
| 大洋洲 | 0.19 | 0.24 | 27 | 0.5 |

从表6-6可以看到,在新增网民的占比中,亚洲以53.8%的增幅比例占到增幅的首位,紧跟第二位的是欧洲,欧洲网民数量从3.22亿增至2012年的5.01亿,新增网民占比达到16.1%,其中俄罗斯是网民增长最快的欧洲国家,2011年上网人数占总人口的比例已达到49%,其中30%的网络用户每天上网。

在年龄方面,最活跃的互联网用户是青年人,18~24岁的青年人中网民的比例达到91%,而在45~59岁的人群中,其比例为42%;受教育程度方面,受过高等教育的受访者比例为77%,而受过初级或是中等教育的受访者比例为12%。除俄罗斯外,瑞典也是欧洲互联网普及率最高的国家之一,据瑞典统计局2011年1月17日公布的数据显示,瑞典互联网普及率非常高。年龄在16~74岁的瑞典人中,近九成经常使用互联网。值得注意的是,瑞典的老年人(年龄在65~74岁之间)也很热衷于网络应用,约60%使用互联网。

根据调查机构康姆斯科(ComScore)调查,2012年时典型的欧洲网民每月会花费25.9个小时的时间在互联网上。其使用不同网络应用的比例见表6-7。

表6-7　　　　2012年欧洲网民与中国网民主要网络应用情况比较

|  | 每月花费时间(h) | 网络购物(%) | 搜索引擎(%) | 娱乐游戏(%) | 社交网站(%) |
| --- | --- | --- | --- | --- | --- |
| 欧洲 | 25.9 | 75 | 50 | 62 | 74.6 |
| 中国 | 79.6 | 39 | 73 | 65.1 | 46 |

数据来源:ComScore CNNIC。

可以看到,欧洲网民的主要网络应用中排在前三位的包括社交网站、网络购物和网络游戏,其中社交网站普及率在2009年已达到74.6%。值得关注的是,社交网站在欧洲老年人中的普及率也十分高,这与空巢家庭增多,社交网站可以满足老年人的社交需求、排解空巢老人的寂寞感有很大的关系。

近年来欧洲网购消费市场与美国的差距正逐步缩小,其中主要的网购消费市场集聚在经济最发达的一些国家,诸如德国、英国、法国、意大利、西班牙及斯堪的纳维亚半岛。在零售规模方面,2011年欧洲国家中英国的网上零售市场最为发达,网上零售额占社会总零售额的比例达到12%,其次是德国9%,瑞士8.7%,波兰3.1%,意大利1.3%。

在网络游戏的应用方面,尼尔森于2008年进行的一次调查研究显示,欧洲地区已经超越美国,成为仅次于亚洲的全球第二大游戏市场。

**二 欧洲网络用户粘性行为特征**

根据普华永道2012年在美国、英国、法国、荷兰、德国、瑞士和中国7个国家进行的有关网络购物的比较研究,我们可以看出欧洲网民的粘性行为特点主要表现在以下几个方面。

(一)访问频率在全球处于相对较低的水平

2012年普华永道调查表明,中国消费者总体平均网购频率达到8.4次/月,分别是欧洲消费者的近四倍、美国消费者的一倍多,可见,就网购频率指标看,欧洲消费者处于相对较低的水平。

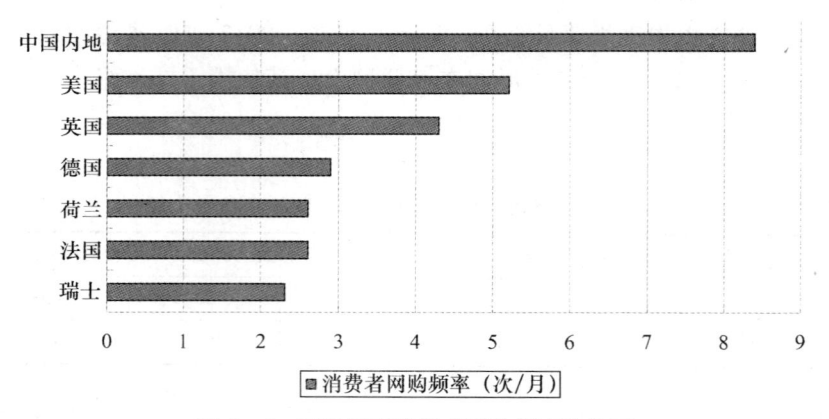

图6-6 不同国家消费者网购频率比较图

导致这种情况发生的原因,也许是因为欧洲网购市场发展相对较早,网民已将网络购物作为生活中一种常见现象,因此只在需要时才应用,而很少出现将之作为一种新生事物加以过度消费的情形。

(二)访问时长

2012年,全球最大的电子商务平台EBay和法国女性网站Terrafemina.com联合公布,法国女性平均每周花费5小时浏览购物网站,其中有52%的人每月至少进行一次网上购物。

## (三) 网络对于欧洲网民的生活方式改变影响较大

波士顿咨询集团曾调查了英国公众对互联网的喜爱程度，结果表明，65%的受访者表示宁愿放弃饮酒一年，76%的受访者表示愿意一年不吃巧克力，78%的受访者表示宁愿一年不喝咖啡也要换取一年的互联网接入。法国主流媒体也多次报道，网购正悄然改变着法国居民的消费习惯。这些都说明，网络对欧洲居民生活的影响越来越大，甚至开始左右欧洲居民的消费行为和消费结构走向。

### 三 中欧网络用户粘性行为比较分析

#### (一) 中国网络用户购物粘性表现高于欧洲地区网络用户

如前所述，按照普华永道的调查结果，中国网民对网络购物接受程度较高，这一点从表6-8中也可以看出。

表6-8　　　　　　　　不同国家网民网购比例对比

|  | 每天网购的比例 | 每周网购数次的比例 |
| --- | --- | --- |
| 中国 | 6% | 33% |
| 法国、荷兰、德国、瑞士 | 1% | 5% |
| 英国 | 2% | 7% |

#### (二) 导致粘性行为出现的因素有所区别

虽然我国2012年的CNNIC调查数据和法国民调数据显示，价格低廉和时间缩短是影响中国和欧洲地区网络使用者网络购物的共同因素。但是导致客户粘附于网络应用行为的因素却有所区别，仍以网络购物为例，中国的网上购物者使用社交媒体的比例为90%，远超其他国家，这说明社交媒体对中国人的购物决策有比较大的影响。当网络用户登录购物网站的社区后，可以与好友共同分享产品图片和详细情况，朋友立即就能给出意见，这样就使得在线购物变成了一种社交体验。但是在国外，这种影响却是很小的。2010年欧盟委员会的调查发现，如果欧洲某国访问社交网站的互联网用户比例较高，则该国选择网上购物的用户比例就偏低，这与2012年科技博客TechCrunch的报道结果是一致的。个性化网购推荐供应商 Baynote 对欧美地区 1000 位假日购物者进行了调查，结果显示，80.2% 的受访者称 Facebook 等社交网站并未影响其购物决定。这些都表明，在群体中受到肯定、找到社交归属感是影响我国消费者粘性行为产生的因素，而这些因素在欧洲消费者中表现得则不明显。

## 第五节 网络粘性行为共同特征和差异性比较分析

### 一 不同国家和地区网络用户粘性行为的共同特征

不同国家和地区的互联网发展状况不同，但粘性行为大都发展到了高风险阶段。

研究显示，如果人们用 Facebook 上的沟通交流取代现实世界的拥抱、握手或是面对面的笑容，这一社交网络就会对用户的实际社交网络造成伤害。过度使用 Facebook 已经导致用户产生悲伤的情绪，他们会认为其他人更漂亮、生活更有乐趣，且比自己更受欢迎。

韩国青少年热衷于网络游戏，根据前文资料可以看到，他们已经投入了大量的时间和金钱，心理上对游戏的依附感非常强烈。同韩国网络用户类似，南非网络用户每周七天都会上网玩游戏，每次持续的时间甚至超过 10 个小时，而且都是在半夜进行，极易发展为成瘾行为。

中国网络用户喜欢娱乐性的游戏、视频等，以前人人网的流行，包括偷菜游戏在中国国内的盛行，都可以说明这种娱乐性的粘性行为在中国已经很普遍。

### 二 不同国家和地区网络用户粘性行为的差异性分析

虽然从心理角度分析，追求愉悦和逃离现实压力是网络用户的基本心理动机，情感和愉悦也是形成问题使用的重要因素，但是不同国家和地区的网络用户在粘性行为表现上也体现出不同的差异。

（一）偏好的网络应用不同

各国网络用户的粘性行为往往体现在不同的网络应用上。美国网络用户最热衷的是社交网络的应用，韩国网民尤其是青少年狂热于网络游戏，欧洲网络用户喜欢网络购物，而中国网络用户偏爱娱乐网站，如视频网站、游戏网站等。

（二）网络应用的目的不同

目前美国社交网络的使用人数比例达到61%，其中80%的活跃用户每天都要花至少2个小时访问社交网络，目的就是与朋友、家人、同学等建立网络联系，并通过交流获取信息和建议。可见，美国网络用户喜欢追求的多是人际互动达到的快感，满足这样的要求更容易导致网络粘性行为。而中国国内很多用户是出于自恋和炫耀自己生活以求得关注的心理。

虽然南非互联网发展迅速，但起步较晚，其网络用户还更多地停留在网络的基本应用上，用来完成最普遍的信息交换和浏览工作，例如大部分的被调查者使用网络的时间超过3年，而且最常使用的功能是电子邮件和网络浏览。可见，互联网在南非的使用还停留在基本功能上，粘性的表现也并不突出。

韩国互联网事业发展十分迅速，游戏产业也相当发达，70%的韩国网络用户都会使用网络游戏，尤其是韩国的青少年。如果对于网络游戏过度沉迷，则会带来心理和行为上严重的双重影响。韩国网络用户对于可以带来愉悦和融入群体感的网络使用表现出很强的粘性。

欧洲互联网应用推广时间较长，网络消费者群体比较成熟、稳定，因此表现在网络购物等应用行为上的频率虽不高，但人群和使用频率却较稳定，同时大部分网民的生活方式已经因为网络而发生了改变，而且人们普遍欣然接受这种变化，对网络持较为肯定的态度。

中国的互联网用户除了完成基本的工作外，最容易被娱乐性所吸引，喜欢能带来娱乐感的网络应用，如网络交流和网络游戏，目的是追求新鲜自由的感受，或者逃避现实的压力和困惑。

# 第四篇　干预机制篇

# 第七章　我国消费者网络粘性行为干预机制构建

干预机制的建立是消费者网络粘性行为研究的重要目的。在前期的研究中已对目前在网络消费者中广泛存在的粘性行为进行了界定，提出粘性行为是网络消费者对于网络的重复、持续使用，是一种在使用程度上介于正常使用和网络成瘾之间的行为特征，并对于伴随其中的心理变化进行了分析。在此基础上进一步探讨了消费者网络粘性行为的测量维度和形成机理，对其形成过程和影响因素进行了分析，本章将在前期研究的基础上，以网络粘性行为的形成机理以及网络成瘾干预方法和行为改变技术及其健康行为模型——HBM 作为粘性行为干预机制建立的理论基础，从中寻找导致网络粘性出现的内在原因和外部影响因素，并在此基础上借助外部干预力量，按照划分不同的干预阶段、实施不同的干预措施、对干预结果进行分类分析的逻辑演进过程，建立粘性行为干预机制的内容。其中干预措施来自三个方面，即网络成瘾的认知行为干预、HBM 模型和本研究所提出的粘性行为影响因素，最终，尝试将这些干预措施运用消费者可接受的手段展现出来，这些手段中既包括音乐、图片等网络消费者喜闻乐见的娱乐方式，也包括在上网持续时间过长时软件的强制跳出干预手段，但是无论采用什么手段，最终的目的都是通过干预来改变网络消费者的粘性行为，帮助其建立健康的生活方式，获得对工作、生活和身心发展有益的结果。

## 第一节　干预机制设置的基本问题

### 一　干预对象

通过前述测评体系可有效地识别出正常群体、网络粘性群体及网络成瘾群体。正常群体对网络的使用在合理有序的范围内，没有对生活造成影响，甚至会因为使用网络而使生活工作变得更加便捷，因此该类人群不是本文干预的对象。对于网络成瘾群体，对网络的使用有非常强的心理依赖，行为表现上已经无法自控，甚至出现了非常严重的行为后果，对这部分群体的干预在现有的研究中作为病理性网络使用处理，所以该类群体也不是本文研究的对象。针对评价体系的研究结果，本研究根据粘性程度的差异，把粘性群体分为低粘性群体和高粘性群体，不同程度的群体有不同的行为表现及影响因素，在干预机制的设置中，将有针对性地对这两类粘性人群设计具体的干预措施。

## 二 设置目的

（一）向公众宣传正确运用互联网的重要性，帮助用户认识过度使用网络带来的危害。

（二）约束企业行为，要求企业以传递健康的网络信息和帮助用户建立健康的互联网生活为己任。

（三）向用户宣传节制上网，用网自律，在保持健康生活的前提下发挥互联网在生活中的积极作用。

## 三 构建思路

按照《辞海》中的解释，"机制"一词最早源于希腊文，原指机器的构造和工作原理。对机制的本义可以从以下两方面来解读：一是机器由哪些部分组成和为什么由这些部分组成；二是机器是怎样工作的和为什么要这样工作。后来机制被引申到不同的领域，如引申到生物领域，就产生了生物机制；引申到社会领域，就产生了社会机制；而引入经济学的研究，就产生了经济机制一词，人们用该词来表示一定经济机体内，各构成要素之间相互联系和作用的关系及其功能。总之，不管用于何种领域，机制的建立都应当解释包括机制构成要素及运行原理等问题。基于这种理解，我们认为粘性行为干预机制的建立，首先应当从其建立的理论基础出发，厘清干预机制建立的思路，而后以干预措施作为网络粘性干预机制建立的核心内容，围绕措施的实施，分阶段、分结果地进行评价。

### 四　构成要素

（一）干预力量：与网络成瘾一样，网络粘性不仅是消费者个人行为存在的问题，同时也是一个社会问题，这一问题的解决不仅有赖于消费者个人意识的觉醒，同时在行为改变的过程中外部力量的支持和帮助也是必不可少的。借鉴网络成瘾的干预方法，我们在网络粘性行为干预机制的设置过程中，根据不同阶段干预措施的需要，分别动员了用户个人、家庭和亲朋好友、大众媒介、专家、干预软件五种外部力量，从个人力量和外部力量两个方面入手以期强化干预效果。

（二）干预阶段：按照行为改变理论和哈尔的认知疗法，人们的行为改变是一个循序渐进的过程，可以分为三个阶段，即知识的改变、态度的改变和行为的改变。由此我们设想消费者网络粘性行为的改变，首先要在自我认知上发生转变，充分意识到网络粘性行为给自己生活和健康带来的危害，进而在知识不断丰富所带动的态度转变基础上开始实施改变行为的计划，而计划一旦制订，下一步则是按照计划实施行为转变的过程。基于此，在干预机制设置中，我们将网络粘性行为的干预过程分为三个阶段，即自我认知阶段、计划改变阶段、行为改变阶段。

（三）干预措施：干预措施是整个干预机制设置目的得以实现的关键所在。在本研究中，我们所采用的干预措施来自两个方面，首先是本书在网络粘性行为形成机理研究中所得出的前置影响因素，这些前置影响因素按照其最有可能发生作用的时间段，被分散在三个干预阶段中，干预措施的第二个来源是HBM模型中的六个变量，这六个变量按照其在模型中的含义被转化为行为干预的重点措施。在上述两个方面的干预措施共同作用下，消费者网络粘性行为将得以转变。

（四）干预结果：由于消费者个体差异的存在和所处环境的区别，上述干预措施对消费者所起的作用各不相同。按照消费者所反馈的信息，干预结果将被分为三种，即粘附程度减轻、恢复正常使用、干预无效，一旦确定干预结果，消费者就可以决定恢复正常生活或继续实施干预。

总之，我们认为，网络粘性行为干预机制的内容可以总结为以下：

三个理论基础：粘性行为形成机理、网络成瘾干预、行为改变技术及HBM模型。

五种参与力量：用户个人、家庭和亲朋好友、大众媒介、专家、干预

<<< 第四篇　干预机制篇

软件。

三个实施阶段：自我认知阶段、计划改变阶段、行为改变阶段。

三种不同结果：粘附程度减轻、恢复正常使用、干预无效。

其重要内容如图 7-1 所示。

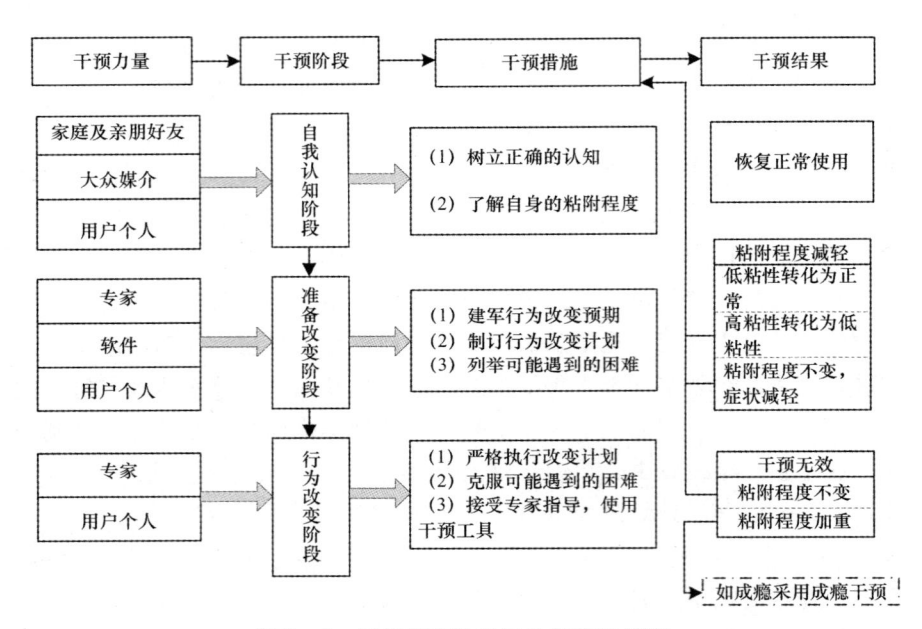

图 7-1　网络用户粘性行为干预机制图

## 第二节　干预机制主体内容解析

**一　基于前置影响因素的粘性行为干预措施选择**

我们认为，粘性行为干预机制的建立不能脱离粘性行为本身的特点，其干预措施应当从影响粘性行为的前置因素入手，这样才能从根本上解决粘性行为带来的问题。基于此种认识，我们按照前期对粘性群体前置因素的研究，分别对高粘性群体和低粘性群体进行了数据分析，各前置因素对粘性影响的总效应见表 7-1。

表7-1　　　　各结构变量对高低粘性影响总效应数据表

|  | 交互 | 技能 | 结构嵌入性 | 期望确认度 | 心流 | 感知有用 | 满意 | 习惯 | 持续使用意向 |
|---|---|---|---|---|---|---|---|---|---|
| 低粘性 | 0.319 | 0.383 | 0.21 | 0.165 | 0.834 | 0.155 | 0.129 | 0.191 | 0.371 |
| 显著性水平 | 0.011 | 0.01 | 0.012 | 0.011 | 0.011 | 0.012 | 0.007 | 0.011 | 0.007 |
| 高粘性 | 0.064 | 0.016 | 0.027 | 0.07 | 0.994 | 0.015 | 0.152 | 0.14 | 0.378 |
| 显著性水平 | 0.6 | 0.677 | 0.772 | 0.054 | 0.013 | 0.596 | 0.012 | 0.001 | 0.003 |

（一）高粘性群体的前置影响因素分析

1. 在影响高粘性形成的因素中，心流对粘性的影响非常显著（总效应0.994，显著性水平0.013），值得关注。如前所述，心流是当人们全身心投入某种活动时产生的高度兴奋感和充实感，因此它对高粘性群体的显著影响并不出乎我们的意料，但是我们发现，虽然技能和交互对心流的前置影响作用在多位研究者的分析中得到验证，但在我们的模型中，交互和技能的影响均不明显。造成这种现象的原因，主要是对于高粘性群体而言，能够娴熟地运用网络是这个群体的普遍能力，因此他们不会将技能作为一种影响因素加以关注，同时，技能提高到一定程度后其边际效用也会降低，也因此造成了技能与交互对粘性的总效应在高粘性群体中不显著。

2. 持续使用意向对粘性的总效应显著（总效应0.378，显著性水平0.003），持续使用意向是高粘性群体形成的重要影响因素，更进一步说明本研究在前述研究中所提出的粘性的持续使用特征。从第六章关于高粘性群体的特征来看，该群体使用网络所表现出的时间拖延方面的特征显著异于低粘性群体，有强烈的持续使用网络的意向，表明持续使用意向对粘性的产生有非常强的预测作用。

3. 结构嵌入性对高粘性群体粘附于网络的行为影响不显著（总效应0.027，显著性水平0.772），说明对于高粘性群体而言，粘附于网络是一种自主选择，别人对这种选择的影响力是有限的，周围人的影响并不能从根本上改变他们的选择。

4. 在影响粘性的其他因素中，感知有用性和期望确认度的作用并不显著，而习惯的作用显著。也就是说，对于高粘性群体而言，持续使用网络已成为一种生活习惯，对网络的有用性感知已经不是影响其决定是否持续使用的关键因素。满意对粘性的总效应显著，但是影响力度有限。

综上，对于高粘度群体，对其粘性行为的干预应从持续使用和心流入手进行。

（二）低粘性群体的前置影响因素分析

1. 在低粘性群体中，心流对粘性产生的影响作用非常显著（总效应0.834，显著性水平0.011）。这说明在这一群体中，在使用中感受到的满足感和亢奋感是导致这一群体粘附于网络的主要原因。

2. 持续使用意向依然是影响粘性产生的主要因素之一（总效应0.371，显著性水平0.007）。可见低粘性群体依然是在持续使用基础上形成的粘附行为。

3. 习惯对粘性形成有正向作用（总效应0.191，显著性水平0.011）。说明在低粘性群体中，使用习惯的形成对促使粘性行为形成具有重要影响。

4. 结构嵌入对粘性形成具有正向影响。（总效应0.21，显著性水平0.012）说明周围人的使用依然会影响到低粘性群体的粘附选择，这是低粘性群体不同于高粘性群体的重要特征。

综上，在低粘性群体中，可以考虑心流、持续使用意向以及使用习惯和结构嵌入性的影响，并在干预点的设置中将这几个因素作为切入点加以考虑。

## 二 基于 HBM 模型的粘性行为干预措施选择

对粘性行为的干预可以从不同角度展开，多方位的干预可以强化干预效果。我们认为，粘性行为的干预目的就是为了改变消费者对网络过度依赖的现状，因此，依据行为改变理论提供的方法，将消费者粘性行为转变为一种健康的上网行为也是我们在构建干预机制过程中进行的探索。基于此，除考虑上述粘性行为形成的前置影响因素外，我们还试图从 HBM 模型入手，以其模型中的六个变量作为粘性行为干预措施设置的切入点，从而形成如下的干预措施。

1. 基于感知易感性的网络粘性干预措施：在 HBM 模型中，感知的易感性是指人们认为不健康行为给自己带来的总体危害，以及该行为导致其自身出现疾病的概率和可能性。主要强调消费者对网络粘性带来风险的正确认识，并在此基础上评估个人粘附于网络的程度。

2. 基于感知严重性的网络粘性干预措施：要求用户列举网络粘性行

为给自身带来的身体、心理、前途、收入等方面的不良影响。

3. 基于感知利益的网络粘性干预措施：要求用户预期克服粘性行为带来的好处，并制订合理使用网络的计划，包括使用时间、地点、方式等。

4. 基于感知障碍的网络粘性干预措施：提示用户预估克服粘性过程中可能面临的困难。

5. 基于行为线索的网络粘性干预措施：充分运用来自大众媒介、家庭和亲朋好友等的影响，促使改变行为的实现。

6. 基于自我效能的网络粘性干预措施：提供干预软件等，并提示用户设定行为改变的近期目标，同时运用语言和行为等各种方式对用户进行激励，减轻其焦虑感，树立行为改变的信心。

### 三 干预阶段和干预措施选择

按照行为改变理论，行为的改变可以划分为三个阶段，即知识的改变、态度的改变和行为的改变，也就是说，行为改变并非是一个一蹴而就的渐进过程。对应健康行为模型HBM，我们尝试将网络粘性行为的干预过程划分为三个阶段：首先是自我认知阶段，即网络用户在家人朋友的提醒下，在大众媒介的宣传中，逐渐对自己粘附于网络的程度有所认识的阶段；其次在认识到自己在网络应用中存在一定程度的问题之后，用户可以寻求专家的帮助，进入行为改变的准备阶段；最后则进入行为改变的阶段。我们考虑，在不同阶段可以采用相应的干预措施，同时调动不同的干预力量加入其中以强化干预效果，具体措施如下。

（一）自我认知阶段

这一阶段是网络用户对自身网络应用状况建立正确认知的阶段。可以采取的干预措施包括：

1. 运用大众媒介的力量，动员家庭成员和亲朋好友参与其中，帮助用户认识合理使用网络的重要性；

2. 通过网络用户粘性测度评价问卷，认识、了解自身对于网络的粘附程度。

（二）准备改变阶段

这一阶段是用户准备进行行为改变的关键时期，可以采用的干预措施主要包括：

1. 建立摆脱网络给自身和家庭带来好处的美好预期；

2. 制订详细的计划，从停止持续使用网络入手，对摆脱网络粘性的时间、地点和具体方式进行全面规划；

3. 认识在摆脱网络粘性过程中可能遇到的困难，并下决心摆脱身边有着同样爱好者的影响，同时也摆脱在使用网络中带来的心流等刺激感受，回归平静生活。

（三）行为改变阶段

这一阶段是用户行为改变的阶段，可以采用的干预措施主要包括：

1. 严格执行前期制订的行为改变计划；

2. 克服在摆脱网络粘性过程中遇到的困难，坚定改变信念；

3. 接受专家指导，建立摆脱粘性的信心，使用网络粘性脱敏软件等外部干预手段进行干预。

## 四　预期干预结果

干预结果是评价干预机制有效性的重要依据。如上所述，我们对干预结果进行了三种不同类型的结果划分，从而可以根据不同的干预效果决定下一步的行动改变方案。其干预结果和进一步的干预方法如下。

1. 恢复正常使用

用户在干预后恢复正常的网络使用状态，说明干预措施是有效的，我们可以回访用户并追踪用户的网络使用情况以完善网络粘性干预机制。

2. 粘附程度减轻

经过干预粘附行为减轻的用户，可分为三类不同的情况：第一类是低粘性的用户，经过干预后转变为正常使用用户；第二类是高粘性用户经过干预后变为低粘性用户；第三类是这两类用户经过干预后保持原有粘附程度，但症状都有所减轻。粘附程度减轻证明干预措施有一定效果，因此第一类可恢复正常使用第二和第三类客户都可以继续干预直至生活恢复正常。

3. 干预无效

在用户采用我们的干预措施后，如果粘附情况保持原状或粘附程度进一步加重则说明干预无效。在这种情况下，对于已发展为网络成瘾的用户，则可按照网络成瘾的干预措施进行行为改变的努力，对于仍属于网络粘性的客户，则需要进一步了解干预对象及其粘附情况，按照个体的差异进行强化性的干预。

## 第三节 干预软件开发思路及内容说明

如上所述，行为的改变并非易事，除个人有改变的意愿外，一些外部力量的配合也十分重要。为了更好地帮助网络用户摆脱粘性行为给生活和学习带来的困扰，我们设想除了动员家庭成员和亲朋好友、专家以及大众媒介参与其中给予帮助外，如能在网络用户许可的前提下，在其经常使用的个人电脑上安装一个具有提示、打断持续使用作用的干预软件，则可以通过软件运行提醒、帮助粘性用户摆脱过度使用网络带来的困扰和危害。在搜集资料的过程中，我们发现全球电脑游戏成瘾的重灾区——韩国目前已在进行这方面的尝试，他们开发了3D虚拟情境治疗法，这种疗法从患者熟悉的电脑游戏画面开始，先使患者放松，在其放松之后，突然插入恐怖画面和音乐，借此来遏制患者的欲望，甚至让其产生厌恶的感觉。据称目前这种方式已经收到不错的效果。

对于同样将网络作为生活一部分的网络粘性用户而言，通过类似的手段进行干预不失为一种可以尝试的方法。因此，我们进行了开发网络粘性干预软件的工作。

### 一 网络粘性行为干预软件开发思路

网络粘性干预软件的开发目的，就是要通过该款软件的应用，遏制粘性行为的发展，使消费者重回正常的网络应用。因此，软件的设计思路完全依据网络粘性干预机制的内容而设置，将各种干预措施转化为可视、可听、可参与（活动）的画面，实现对粘性行为的干预。

### 二 网络粘性行为干预软件的基本内容

该软件的干预过程主要内容包括以下四个部分。

（一）了解使用者基本情况

在这部分内容中，我们要求使用者在使用前进行注册并填写个人信息，以便我们对干预结果进行分析。

（二）粘性基本知识介绍

这部分内容主要是向使用者介绍网络粘性的基本知识，结合我们在前期研究中得出的结论，向使用者介绍过度粘附于网络带来的危害，从而使使用者认识到网络粘性干预的必要性。

（三）测试过程

这部分内容为使用者提供了网络粘性行为测评量表，使用者如实回答量表中的问题后可以根据所得分数了解自己的网络应用状况，如果程度正常或者已发展为网络成瘾则软件停止运行，如果所得分数表明轻度粘性或重度粘性，则进入干预过程。

（四）干预过程

这部分内容首先帮助消费者建立摆脱粘性的美好预期，同时了解摆脱粘性过程将会面临的困难，在此基础上按照消费者不同的粘附程度，采用逐步递进的方式，向消费者描述网络粘性带来的各种问题和危害，最终实现打断持续使用，帮助消费者摆脱对网络的过度粘附。

在上述四个部分的内容中，前三部分仅在初次使用时运行，而干预过程则是循环运行的，在使用者开机状态下，只要时间达到我们设置的干预点，软件便开始自动运行干预内容，直至打断持续使用。按照行为改变理论，一种行为发生改变的最低时间界限点是 21 天，因此我们在软件连续运行 21 天后会对使用者进行再次测试，从而根据所得分数判定干预软件的实际效果。

网络粘性行为干预机制的设置是本研究的重要任务之一。本章从干预机制设置的原则入手，以干预机制设置的理论基础为依据，对整个干预机制的设置进行了全面的分析，并对可能出现的干预结果进行了逐一解析。需要特别说明的是，在干预机制设置完成后，为了验证其干预效果，我们做了开发干预软件的尝试，进行了干预软件创建的思路及内容说明，为干预机制有效性的实验奠定了基础。

# 第八章 我国消费者网络粘性行为干预机制有效性研究

在第七章中，我们进一步运用结构方程模型针对高低粘性群体分别做了前置因素差异的分析，结果表明高低粘性在前置因素的影响上存在显著差异，因此我们从前置因素出发提出粘性群体的具体干预措施。这些研究的发现已经是很大的一个突破，对于如何减少网络负效应和加强网络正效应具有一定的借鉴意义。然而，正如本研究在最初强调的那样，我们的最终目的不只是简单地划分出粘性群体的特征及提出干预措施，还必须确保前期研究的可行性和有效性。鉴于此，我们做了一个小规模实验，旨在通过实验手段来验证前期研究的可行性。

## 第一节 研究方法

实验研究是一种受控的观测方法，通过一个或多个自然变量的变化来评估它对一个或多个因变量产生的效应。实验研究有两种基本形式，一种是实验室研究，另一种是现场实验。前者是在人为建造的特定环境下进行的，后者是在日常生活工作环境下进行的。本研究将采用现场实验。实验设计要满足两项功能要求：第一，能够表明自变量的效应，得以验证所提出的假设；第二，排除实验结果的其他可能的解释。在进行干预措施有效性实验测试时，根据实验设计的基本要求，拟采用单组前后测实验设计方法。

单组前后测实验设计用字母表示为 OXO，O 表示因变量的观测值，X 表示对研究对象或研究变量施加的实验刺激。这种实验设计确定一个研究变量，其效应是通过因变量后测与前测的差异来反应的，即先测因变量，接着实验刺激作用于研究变量，然后再测量因变量。选择采用这种实验设

<<< 第四篇 干预机制篇

计的原因有二：一是因为粘性群体的选择必须是经过测评才能确定的，我们无法确知控制组与实验组在事前的差异；二是在确定了控制组的被试对象后，我们不能保证被试者在实验过程中使用网络的情况，控制组和实验组在实验前后不具有可比性。具体的实验步骤如图 8-1 所示。

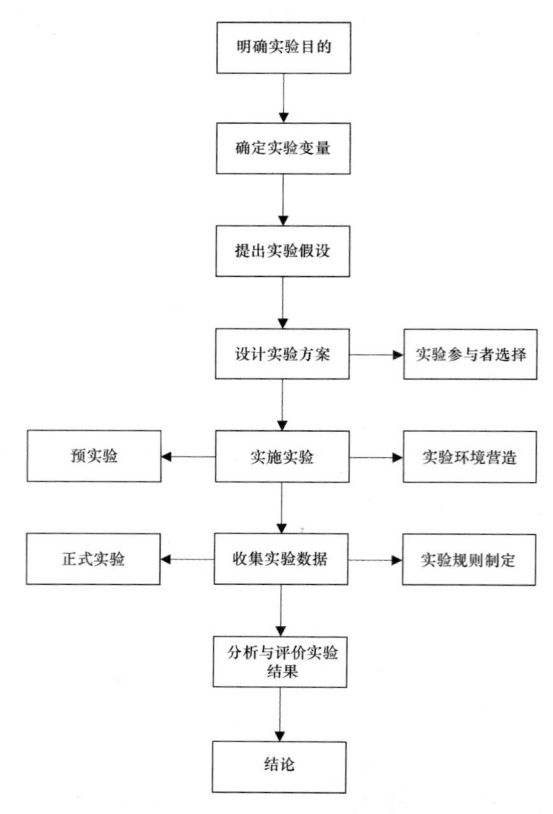

```
明确实验目的
    ↓
确定实验变量
    ↓
提出实验假设
    ↓
设计实验方案 → 实验参与者选择
    ↓
预实验 ← 实施实验 → 实验环境营造
    ↓
正式实验 ← 收集实验数据 → 实验规则制定
    ↓
分析与评价实验结果
    ↓
结论
```

图 8-1 实验的具体实施步骤

## 第二节 实验介绍

### 一 实验目的

本次实验的目的主要是通过对被测对象实施软件干预，验证干预机制的有效性，具体在实施过程中，可间接实现三个目的，第一，厘清网络粘性群体的表现特征；第二，验证我们建立的粘性测评体系的合理性，测量结果是否能够真实反映当前整个网络用户的情况；第三，通过对粘性群体进行干预，分析对比实验前后的粘性群体的表现是否有变化，以此来验证干预机制的有效性。

### 二　实验变量

在前一章中，我们详细制定了干预措施，明确了前置因素的作用。从结构方程模型的分析结果可以看出前置因素对高低粘性群体的影响存在显著的差异，本实验主要是观察结构嵌入性、心流、习惯、持续使用意向这四个直接影响因素如何影响粘性。因此，我们将结构嵌入型、心流、习惯及持续使用意向作为自变量。因变量为粘性，评价研究变量的效应就是看实验前后因变量的测试值。

### 三　实验假设

通过前置因素对高粘性群体和低粘性群体进行干预，高粘性群体的粘性会得到控制或降低，从而避免了粘性群体进一步发展为成瘾群体。低粘性群体进行干预后，粘性同样会出现两种情况，一种是得到控制仍然维持在低粘性阶段，另一种是从粘性分数降低恢复到正常人群值。

## 第三节　实验设计

### 一　问卷设计

在前期的研究中我们已经明确了网络用户的粘性行为可以从心理和行为两个方面来描述，这两个方面又可以通过生活影响、上网渴求、情绪安慰以及时间拖延四个维度加以比较全面的体现。如果再对消费者的生活方式特征进行进一步的分析，则对粘性行为的描述可以更加全面。生活方式的概念源于社会学和心理学，是一个人在世界上所表现的活动、兴趣和看法的生活模式，博克曼（Berkoman）和吉尔森（Gilson）认为生活方式是一致的行为状态，同时影响消费行为，也受到消费行为的影响。其中生活方式量表是从工作/学习方式、休闲娱乐方式、人际交往方式、信息搜寻方式、媒体偏好和购物偏好这六个方面来反映消费者的消费行为的。

根据现有文献的研究，按照调研目的、遵循逻辑关系，我们构建并编制了能够全面反映我国消费者网络粘性行为的实验调研问卷。实验问卷最终包括两个部分，第一部分是用户在使用网络时的亲身体验和感受，调查者可根据对问题的同意程度进行选择。这部分题目共38道，前11道题是粘性测度量表，后27道题目是生活方式量表；第二部分是实验者的个人基本信息。

本次实验依然需对测评指标进行量化。量表中用数字表征用户应用行为时的亲身体验和感受，一是便于统计分析，二是数字使测量活动本身变得更容易、明确和清楚。本文采用5级顺序李克特量表直接测量网络用户的心理与行为：非常不同意、不同意、不确定、同意、非常同意，赋予相应的值1、2、3、4、5。为了确保实验问卷内容能够客观、准确、真实地反映出粘性用户群体的心理及行为特征，在初步实验问卷的基础上，首先，我们邀请了15位同学进行小样本前测。在小范围内对已设计好的调研问卷发放并回收进行数据分析，发现其中的不合理题项，并对其进行调整或删除，在他们对问卷意见反馈的基础上进行了反复修改。之后，我们又邀请了10位专家对实验问卷进行了综合评价，认真听取了专家的建议，最后在专家意见的基础上形成了最终版本的实验问卷。其次，确定实验对象、实验人数、实验地点进行正式调查。由于本次实验对象的特殊性，在做实验之前，调查人员亲自对被访者说明实验问卷注意事项，讲解填写方法，解答被试者的疑问，解释本次调研的目的和意义，我们的问卷尽量做到让被试者一目了然，避免调查效果受到影响。具体的实验问卷见附录2。

## 二 被试者的选择

在被试者的选择上，考虑到性别、年龄、职业等人口统计变量，我们首先选择了大量愿意配合我们完成实验的志愿者，并和这些群体进行面对面的沟通，告诉他们我们的实验设计，当志愿者进入干预软件的程序之后，干预软件会根据测量结果自动筛选出粘性群体，并对两类群体进行相应的干预。等到21天后再重新对这些被试者进行测量，对比实验前后的问卷并对数据进行处理。

### 三 营造实验环境

本研究的实验是现场实验,没有特定的实验场所,实验环境就是使用互联网的地点,但是必须保证受试者用的电脑里面安装了干预软件。现场实验也称实地实验,是在实际管理环境(或真实环境)中对研究对象直接进行观察处理的实验,是基于心理学、统计学、行为科学等学科的理论和方法,以真实的人群和管理活动为研究对象,通过实地调研、分析和对比研究,寻找解决实际问题的有效途径,它的目的就是为了提高研究结果的实用性和可推广性。

## 第四节 实验阶段

整个实验过程主要包括两部分:干预前的准备阶段和正式的干预阶段。实验之前需要检查干预软件是否能正常工作,如画面和声音是否流畅。具体的干预有效性实验方案见表 8-1。

表 8-1　　　　　网络粘性干预有效性的实验方案

| 时间 | 名称 | 目的 | 内容 | 任务 |
| --- | --- | --- | --- | --- |
| 1~7 天 | 适应期 | 划分粘性群体,进入干预初级阶段 | 被试者严格执行干预措施的实施 | 记录每天的生活变化、软件的使用情况、软件的使用感受、上网的内容、上网的感受及他人的反应 |
| 8~14 天 | 强化期 | 通过干预软件控制用户上网频率及时间,逐步降低粘性 | | |
| 15~21 天 | 习惯期 | | | |
| 最后一天 | 诊断 | 对比分析干预前后被试者的变化 | 测量工具:《我国消费者网络粘性行为测评量表》 | |

### 一 第一阶段:准备阶段

1. 建立信任关系。由于本次实验问卷的内容涉及心理问题,为了避免被试者有抵触心理,因此在正式进行网络粘性干预有效性实验之前,研究人员先和被试者进行开放式的聊天,内容主要涉及互联网的快速发展给人们生活带来的一些改变。有被试者提出互联网的发展在给人们的生活带来好处的同时也带来了一些危害,并举了生活中很鲜明的例子。所有被试者逐渐进入了关于互联网应用的热烈讨论中。开放式的聊天逐渐把大家带入到一种轻松的情境之中，因此被试者不会感到此次实验有任何的心理暗示。

2. 被试者承诺。研究组成员首先告诉被试者本次实验的目的、内容、整个实验所需的时间，并且明确干预目标，讨论在实验过程中可能出现的问题。在了解了实验的基本情况之后，被试者如有一些疑问，研究组会做到：（1）公开地回答这些疑问，以避免有些被试者认为某些人得到了一些特别的信息，从而影响实验结果；（2）在回答问题过程中，不能暗示被试者什么样的行为是正确的或者是被希望的。最后被试者要承诺在干预期间内积极配合研究组工作，坚持记录每天的生活变化、软件的使用情况、软件的使用感受、上网的内容、上网的感受及他人的反应等。

3. 粘性群体划分。粘性的诊断题目由 11 道题组成，这 11 道题将出现在干预软件的开头部分，划分的标准我们已经在前面给出：如果被试者测出的分数小于或等于 2.41 分，则属于正常人群；如果被试者测出的分数在 2.41 分到 3.84 分之间，则诊断为低粘性；如果被试者测出的分数在 3.84 分到 4.55 分之间，则诊断为高粘性；如果被试者测出的分数大于或等于 4.55 分，则诊断为网络成瘾。

4. 干预准备。在被试者安装完实验干预软件之后，第一个工作是要求被试者阅读实验说明。被试者在阅读实验说明的同时会有思考的过程，这样可以使被试者更深刻地理解实验规则。在正式干预开始之前，先让他们对自己使用网络的情况及程度做一个客观的自我评价，但同时需要说明，这个自我评价只是参考，最终被试者的网络使用情况将会用测评体系来测度。客观的自我评价包括：（1）对自身使用网络有一个客观清晰的认识；（2）对通过实施干预措施后能有效控制网络的使用有一个正确的认识；（3）认识到自己不良的网络使用习惯，如睡前玩手机等；（4）对积极配合干预有信心及准备；（5）愿意接受亲朋好友的提醒；（6）了解影响粘性行为的因素。在每个被试者做完自我评价之后，研究人员介绍干预软件在测评网络粘性程度和行为干预方面的专业性，之后干预正式开始。被试者只要一打开电脑，软件就开始运行，每隔一段时间会弹出一些画面或是音乐提醒被试者，这些画面从视觉、听觉上起到提醒、刺激的作用，对用户在上网时的心理产生影响，最终达到控制和减少粘性的目的。

## 二 第二阶段：干预阶段

在本章中，我们明确了粘性行为干预机制的设置是以认知理论为基础，采用行为改变理论，运用心理干预和行为干预两种手段，以数据分析结果为依据，从政府政策、企业自律和个人行为改变三个不同的层次进行设计。政府和企业主要是起到宣传作用，正确引导网络用户健康使用网络，这两个层次的干预不在此次实验的范围内，实验主要是针对个人行为改变设计的。在实验准备阶段，我们已经选取了愿意参加干预措施的志愿者，并且在这些志愿者的电脑里安装了干预软件，并已告知了他们软件如何实施。

用户在登录界面注册并填写个人信息后，首先会出现关于网络粘性介绍的一个宣传画面，被告知什么是粘性、粘性的危害以及树立克服粘性的信心。接下来是粘性测评量表的界面，被试者在填写了调查量表后，根据得分会被自动归类，由于正常用户和成瘾用户不在我们干预范围之内，因此这两类用户可以退出程序，而低粘性用户和高粘性用户会进入各自的干预系统。

21 天后，我们重新测试这些实验对象粘性程度的变化情况，对干预期间被试者各自的感受及对干预机制的意见和改进建议进行了记录，并告知被试者使用干预软件之后的网络应用变化情况以及干预机制是否有明显的效果。

# 第五节 实验过程数据分析

## 一 粘性人群人口统计分布描述

本次试验中共有 65 名受试者，第一阶段收回 64 份问卷，经过第一阶段筛选之后，10 个属于正常使用用户，1 个属于网络成瘾用户，其余 53 个被测样本属于粘性群体，粘性群体比例达 82.8%，和本研究前述筛选出的粘性群体比例基本吻合，进一步验证了本研究所提出的网络粘性测度体系的适用性。根据性别分布情况来看，男性占比 53.7%，女性占比 46.3%。

在对第一阶段被试者进行分析的基础上，发现有条件使用本干预软件接受干预的人员有限，所以本研究根据被试者的具体情况，最终确定其中

24 名被试者作为最终的干预机制有效性测试对象。这 24 名被试者根据要求，在自己日常使用的电脑上安装本研究的干预软件。

## 二 干预前后粘性表现对比分析

21 天后，研究人员给这 24 名被试者发送问卷测试，获取干预软件的实施效果，数据分析如下。

1. 干预前后网络粘性分值分析

图 8-2 列示了干预前后被试者的粘性总分及各维度得分变化情况，从中可以清楚看出，通过 21 天的软件干预，被试者总体的粘性得分明显下降，从测试前的 2.96 分下降到 2.66 分。而且在四个细分维度上的得分均有明显的下降，特别是被试者在生活影响和事件拖延维度的得分下降幅度较大，这两个维度是对被试者行为方面的测度，因此干预软件的实施对其行为方面的改变比心理方面的改变显著，我们考虑心理的变化是个渐进的过程，因此，短期内变化幅度会比较小。

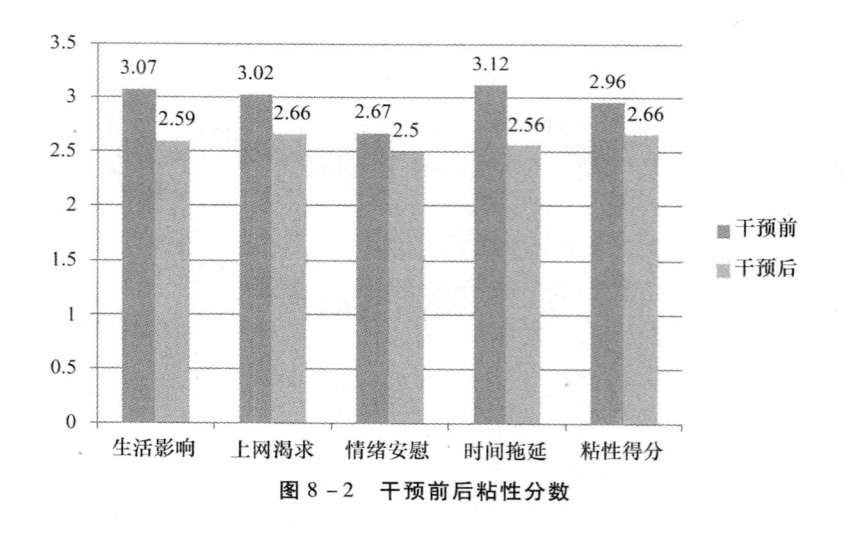

图 8-2 干预前后粘性分数

2. 干预前后消费者个体粘性程度变化

通过表 8-2 可见，干预前被试者为 24 人，其中低粘性 22 人，高粘性 2 人，通过干预之后，低粘性被试者人数下降为 16 人，高粘性被试者为 0 人，这种情况进一步证明了实验假设，即通过干预机制的实施，将低粘性群体转变为正常人群，高粘性群体的粘性降低，并在持续干预过程中进一步转变为正常群体。实验结果显示，本研究假设得以验证。

表 8 – 2　　　　　　　　　干预前后被试者评分比较

|  |  |  | 低粘性群体 | 高粘性群体 |
|---|---|---|---|---|
| 干预前 | 粘性特征 | 人数（人） | 22 | 2 |
|  |  | 生活影响 | 3.07 | 4.33 |
|  |  | 上网渴求 | 3.02 | 3.89 |
|  |  | 情绪安慰 | 2.67 | 4.04 |
|  |  | 时间拖延 | 3.12 | 3.64 |
|  | 生活方式 | 工作学习均值 | 3.81 | 4.13 |
|  |  | 休闲娱乐均值 | 3.52 | 4.13 |
|  |  | 人际交往均值 | 3.20 | 3.00 |
|  |  | 信息搜寻均值 | 3.76 | 3.88 |
|  |  | 媒体偏好均值 | 3.95 | 3.75 |
|  |  | 购物偏好均值 | 3.42 | 3.25 |
|  |  | 健康生活均值 | 3.20 | 4.50 |
| 干预后 | 粘性特征 | 人数（人） | 16 | 0 |
|  |  | 生活影响 | 2.88 | — |
|  |  | 上网渴求 | 2.93 | — |
|  |  | 情绪安慰 | 2.96 | — |
|  |  | 时间拖延 | 3.12 | — |
|  | 生活方式 | 工作学习均值 | 3.50 | — |
|  |  | 休闲娱乐均值 | 3.48 | — |
|  |  | 人际交往均值 | 3.09 | — |
|  |  | 信息搜寻均值 | 3.77 | — |
|  |  | 媒体偏好均值 | 3.89 | — |
|  |  | 购物偏好均值 | 3.41 | — |
|  |  | 健康生活均值 | 3.40 | — |

3. 粘性群体特征分析

本实验研究目的之一是探寻粘性群体的特征，诸如其生活方式等。通过图 8-3 发现，低粘性群体的生活方式表现中，购物偏好、人际交往及媒体偏好高于高粘性群体，高粘性群体在工作学习、休闲娱乐、信息搜寻以及健康生活等方面的得分较之低粘性群体高，特别是在健康生活方面，得分明显高于低粘性群体。说明高粘性群体对网络的严重粘附给自身的健康生活带来了非常大的影响，远远高于一般的低粘性群体。

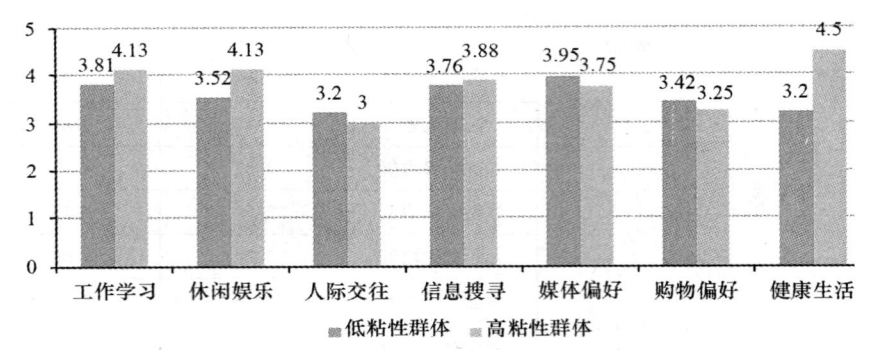

**图 8-3　低粘性群体与高粘性群体生活方式比较分析**

**4. 干预效果的显著性分析**

本研究采用前后测实验，以下将通过配对样本的 T 检验来进一步验证干预机制的显著性（见表 8-3）。

表 8-3　　　　　　　　　　　配对样本 T 检验结果

| | 成对差分 | | | | | | | |
|---|---|---|---|---|---|---|---|---|
| | 均值 | 标准差 | 均值的标准误 | 差分的 95% 置信区间 下限 | 差分的 95% 置信区间 上限 | t | df | Sig.（双侧）|
| 实验前-实验后 | 0.37583 | 0.61982 | 0.12652 | 0.11411 | 0.63756 | 5.971 | 23 | 0.000 |

表 8-3 显示了配对样本 T 检验的结果，实验前后，被试者的粘附程度在 1% 的显著性水平下通过了 T 检验，说明干预机制对被试者的粘性程度具有显著的影响作用，干预机制的有效性得以验证。

## 第六节 实验结论

本次实验旨在测试干预机制的有效性，并在实施过程中验证了粘性测评体系的合理性，进一步挖掘网络粘性群体的特征。通过测试发现，本研究目的得以实现，验证了实验的假设，高低粘性群体的粘性均降低。而且通过对实验对象的深入调研，进一步揭示了粘性群体的特征。

# 第九章 结论与研究展望

## 第一节 主要结论

网络经济的快速增长和网络消费者群体的极速膨胀,使网络消费者行为的研究日益被重视。在现实背景下,本研究主要完成了三个部分的重要工作:首先,在对网络粘性现有研究成果进行整理和分析的基础上,确定消费者视角的网络粘性内涵并进一步对其形成机理进行分析和研究;其次,针对目前网络用户粘性行为测评体系研究的不足,在对现有的网络粘性行为测度指标和不同程度的网络应用行为测评指标进行分析的基础上,提出消费者网络粘性行为测评体系;最后,按照测评体系筛选出具有粘性行为特征的消费者群体,并针对其行为特征进行干预体系的设置。研究问题所涉及的范围主要限定在消费者视角的网络粘性行为的形成过程,研究的侧重点在于网络粘性行为的形成机理,各个因素对行为产生的影响以及测度指标体系的建立。

通过对网络粘性现有研究成果整理和分析的评述,发现现有研究还存在着以下不足:1. 现有研究尽管出现对网络粘性的研究,但绝大多数都是从网站视角提出的,而且是从网络营销视角出发,提升网络粘性,增加消费者购买来研究的,鲜有成果从消费者自身出发,研究消费者网络粘性的特点及对自身工作生活的影响。2. 现有研究中缺乏对网络粘性问题测度及测评问题的研究。3. 现有对网络消费者行为的研究过多地关注网络成瘾问题的研究,该类现象的研究很多是从医学角度探讨的,而忽视从消费者行为学、社会心理学及信息系统使用等学科出发,研究一般网络消费者的行为特点。4. 现有研究未能从对消费者引导的角度,构建健康的网络使用习惯,更好地利用网络工具,以致不能发挥网络经济的作用。

# 第九章 结论与研究展望

基于上述问题，本文对网络粘性的形成过程进行了解释，分析了网络粘性是从采纳到持续使用，进而粘附于网络的使用特征，指出了网络粘性的影响因素，从而建立包括持续使用意向、心流、结构嵌入性等影响因素的概念模型，并通过研究假设详细阐述因素之间的具体关系及关系的差异性变化。

研究的主要结论归纳如下：

（一）界定了消费者视角的网络粘性的定义，厘清了网络粘性与网站粘性、网络成瘾、网络忠诚等概念的区别。

本研究是从广义的角度界定网络消费者，报告中所指的网络消费者，是通过互联网满足自身需要的所有现实消费者和潜在消费者群体。此外，由于是从消费者视角对网络粘性进行研究，因此本报告指出网络粘性是指消费者对在线产品和服务的重复、持续使用，而网络粘性行为描述的是一种重复、持续使用网络产品和服务且滞留时间不断延长的行为特征。对于该种行为特征，本研究的观点是它对消费者的损害程度虽不及网络成瘾，但在使用时间和负面心理影响方面也已超过正常使用的范畴。因此，虽然粘性用户因为有可能成为忠诚客户而受到网络企业的肯定和欢迎，但从网络经济长远、可持续发展的角度而言，粘性行为仍是一种需谨慎对待的行为特征。此外，还区分了网络粘性与客户忠诚、客户保持力、持续使用意向、网络成瘾等相类似的概念，指出网络粘性和网络成瘾的区别和联系体现在三个方面，首先是程度上的差异：与网络成瘾一样，网络粘性也是一种对互联网的过度使用行为，都超过了正常的网络使用时间和频率等，并对使用者的生活产生了一定影响，只是网络成瘾者对网络的心理依赖程度更加严重，而网络粘性的影响则主要表现在消费者行为方式的改变；其次是控制手段的不同：粘性可以通过自身和外界干扰控制住，但是网瘾很难通过自身控制消除，同时会引起很严重的心理及身体反应；最后是行为后果的差异：成瘾是完全负面的，而粘性除具有一定的负面效应外，还有可能产生一定的正面效应，如粘性客户有可能成为忠诚客户。

在此基础上，本研究从网络粘性的分类、驱动因素和测度三个方面对现有的粘性研究进行了总结。与此同时，本研究对网络粘性研究的学科理论基础进行了概括、总结，回顾了社会心理学、消费者行为学、信息系统使用等理论的研究成果，并对网络粘性研究的模型理论基础进行了总结、概括，为进一步的粘性研究奠定了基础。

## （二）揭示了网络粘性形成机理。

本研究依据消费者行为学、理性行为理论、技术接受模型、期望确认理论及心流理论和社会网络理论等，分析了网络粘性的形成机理，提出了网络粘性形成机理模型，指出网络粘性的形成是一个渐进的过程，是消费者在接受并持续使用的基础上形成的网络使用行为结果，是处于正常使用和成瘾之间的一种网络使用状态。在网络粘性形成过程中，受到了来自消费者个体与心理因素和网络环境因素等因素的影响，基于这样的认识，本研究构建了网络粘性行为形成机理概念模型，并实证进行了检验。分析结果表明，网络消费者自身感知对于粘性行为的影响相对较大，如用户的期望确认感、有用性、满意性、使用习惯等个人因素与粘性行为形成之间的相关度都比较高，而如结构嵌入性这样的外生变量的影响因素对粘性行为形成的影响虽然显著，但是影响力度相对于其他变量来说较小，这说明在网络粘性行为形成的过程中，用户主动的意向及个性因素的影响相对较大，而且在关于个人因素的分析中，发现网络用户的年龄、网龄及婚姻状况等人口特征因素的差异表现出的粘性也是有显著差异的，更进一步厘清了个人因素在粘性行为形成过程中的影响和作用。基于心流理论的粘性影响因素分析中发现，心流这个结构变量对粘性的形成以及持续使用意向的形成都有非常显著的正向影响关系，尤其是心流出现所带来的粘性的出现，更进一步印证了本研究前期所提出的粘性的心理依赖的特征，心理的变化所产生的行为的改变在此也得以证实。基于持续使用的粘性行为产生的假说在实证研究阶段也得以证明，持续使用意向对粘性的强预测作用也体现较明显，为我们对粘性的认识提供了强有力的实证证据，也在此印证了粘性所具有的长时间、重复使用的特征。

## （三）建立了网络粘性测评体系。

由于现有研究中几乎没有专门针对粘性的测评问题，而现有的互联网过度使用研究，如网络成瘾、病理性网络使用、问题性网络使用等相关测评量表与粘性一样，同属互联网过度使用问题，因此，对粘性问题的测评可以在参考上述量表的基础上展开。基于此，在对问题性网络应用（PIU）测度体系进行总结概括的基础上，结合中国网民网络应用行为特征，展开了基于 PIU 理论的网络粘性测评量表研究，最终确定了包括两个大的维度，即心理和行为；四个细分维度，即生活影响、上网渴求、心理安慰及时间拖延四个方面；11 道测试题在内的中国网民网络粘性行为测评体系，并在实证研究的基础上，根据均值标准差的方法将受试群体划分为四类，从而确定了正常群体、粘性群体和成瘾群体的划分标准。并选择中国网民群体，运用测评指标体系，对网络用户粘性现状进行了分析，结果表明，不同的网络粘性群体各自具有鲜明的特征，我国网络消费者粘性现状可见一斑。

（四）构建并实施了消费者网络粘性干预机制

网络粘性行为干预机制的设置是本研究的重要任务之一。本研究从干预机制设置的原则入手，以网络成瘾干预方法和行为改变技术及其健康行为模型作为粘性行为干预机制建立的理论基础，从中寻找导致网络粘性出现的内在原因和外部影响因素，并在此基础上借助外部干预力量，按照划分不同的干预阶段、实施不同的干预措施、对干预结果进行分类分析的逻辑演进过程，建立粘性行为干预机制的内容。其中干预措施来自三个方面，即网络成瘾的认知行为干预、HBM 模型和本研究所提出的粘性行为前置因素，最终，我们通过软件将这些干预措施运用消费者可接受的手段展现出来，这些手段中既包括音乐、图片等网络用户喜闻乐见的娱乐方式，也包括在上网持续时间过长时软件的强制跳出干预手段，这些都通过干预软件得以展示。最后我们对提出的网络粘性行为干预机制的有效性进行了实验分析，运用根据干预机制自主研发的干预软件对实验对象实施干预，实验结果表明，这一干预软件能够对网络粘性群体的粘附程度起到一定的降低作用。

（五）比较了不同国家和地区网络用户粘性行为的特征差异

本研究选取了处于不同地理区域和网络经济发展程度差异性表现相对明显的四个国家和地区，设想通过对这四个国家和地区网络用户粘性行为特征的分析，厘清地理区域造成的文化差异和网络普及率不同对人们网络粘性行为的影响。

## 第二节 研究展望

后期尚需深入研究的问题主要包括以下几个方面。

（一）关于研究对象：在本研究中，我们选择的研究对象是我国的网络消费者，即通过互联网满足自身需要的所有现实消费者和潜在消费者群体。随着网络粘性行为群体研究的深入，在后期研究中可以对网络消费者群体进行细分，针对消费者对不同应用行为的偏好，研究过多粘附于不同网络应用的消费者群体（如博客、网络购物等）粘性行为的差异，从而可以基于这些行为的差异提出更有针对性的干预举措。

（二）关于研究样本：在课题审批初期，我们曾设想抽取一些不同国家网络消费者的样本，比较分析不同国家的网络粘性行为现状，同时也验证了我们的研究成果在不同国家和地区网络消费者群体中的适用性。但是由于各方面条件的限制，这一研究设想最终未能实现。在后续研究中，如有可能，我们仍计划做这方面的尝试。

（三）关于研究领域：在对网络粘性行为进行分析、研究的过程中，我们发现过度粘附是一个在现实社会生活中广泛存在的问题，并不仅仅存在于网络消费者群体中，如有人粘附于麻将，有人粘附于彩票，有人粘附于奢侈品等。这些群体的粘附问题都是后期研究中值得关注的。

# 参考文献

[1] Aarts H., Paulussen T., Schaalma H., "Physical exercise habit: on the conceptualization and formation of habitual health behavior", Health Education Research, 1997, 12 (3): 363-374.

[2] Agarwal R., Echambadi R, Franco A M, et al., "Knowledge transfer through inheritance: Spin-out generation, development, and survival", Academy of Management Journal, 2004, 47 (4): 501-522.

[3] Ajzen I., "The theory of planned behavior", Organizational Behavior and Human decision processes, 1991, 50 (2): 179-211.

[4] Anand A., "E-Satisfaction——A Comprehensive Framework", Internet and Web Applications and Services, 2007. ICIW 07. Second International Conference on. IEEE, 2007: 55.

[5] Anderson J. C., Gerbing D. W., "Structural equation modeling in practice: A review and recommended two-step approach", Psychological Bulletin, 1988, 103 (3): 411.

[6] Anderson E. W., Sullivan M. W., "The antecedents and consequences of customer satisfaction for firms", Marketing Science, 1993, 12 (2): 125-143.

[7] Bandura A., "Self-efficacy: The exercise of control", Worth Publishers, 1997.

[8] Bansal H. S., McDougall G. H. G., Dikolli S. S., et al., "Relating e-satisfaction to behavioral outcomes: an empirical study", Journal of Services Marketing, 2004, 18 (4): 290-302.

[9] Beard K. W., Wolf E. M., "Modification in the proposed diagnostic criteria for Internet addiction", CyberPsychology & Behavior, 2001, 4

(3): 377 –383.

[10] Beddoe-Stephens P., " Yahoo: Gettin'sticky with I it", Wired News, 1999.

[11] Bentley T., "Webs Are for Catching Flies", Management Accounting, 1997, 75 (4): 52.

[12] Berthon P., Lane N., Pitt L., et al., "The World Wide Web as an industrial marketing communication tool: models for the identification and assessment of opportunities", Journal of Marketing Management, 1998, 14 (7): 691 –704.

[13] Bhattacherjee A., "Understanding information systems continuance: An expectation confirmation model", MIS Quarterly, 2001, 25 (3): 351 –370.

[14] Bollen K A., "Structural equation models", John Wiley & Sons, Ltd, 1998.

[15] Burt R S., "Structural holes versus network closure as social capital", Social Capital: Theory and Research, 2001: 31 –56.

[16] Bush E., "Company to Expand Strategic Alliance in Key Vertical Markets by Helping Partners Increase Portal Stickiness and Community Development", Business Wire, 1999: 40.

[17] Cai S., Xu Y., "Effects of outcome, process and shopping enjoyment on online consumer behavior", Electronic Commerce Research and Applications, 2007, 5 (4): 272 –281.

[18] Caplan S. E., "Problematic Internet use and psychosocial well-being: development of a theory-based cognitive-behavioral measurement instrument", Computers in Human Behavior, 2002, 18 (5): 553 –575.

[19] Chan S., Lu M., "Understanding internet banking adoption and use behavior: A Hong Kong perspective", Journal of Global Information Management (JGIM), 2004, 12 (3): 21 –43.

[20] Childers T. L., Carr C. L., Peck J, et al., "Hedonic and utilitarian motivations for online retail shopping behavior", Journal of Retailing, 2002, 77 (4): 511 –535.

[21] Cho Y., Im I., Hiltz R, et al., "An analysis of online customer complaints: implications for web complaint management", System Sciences,

2002. HICSS. Proceedings of the 35th Annual Hawaii International Conference on. IEEE, 2002: 2308 - 2317.

[22] Choi D., Kim J., "Why people continue to play online games: In search of critical design factors to increase customer loyalty to online contents", CyberPsychology & Behavior, 2004, 7 (1): 11 - 24.

[23] Chou C., Hsiao M. C., "Internet addiction, usage, gratification, and pleasure experience: the Taiwan college students'case", Computers & Education, 2000, 35 (1): 65 - 80.

[24] Csikszentmihalyi M., "Beyond boredom and anxiety", Jossey-Bass, 2000.

[25] Csikszentmihalyi M., "Creativity: Flow and the psychology of discovery and invention", Harper Perennial, 1997.

[26] Danaher P. J., Mullarkey G. W., Essegaier S., "Factors affecting web site visit duration: a cross-domain analysis", Journal of Marketing Research, 2006: 182 - 194.

[27] Davenport T. H., Beck J. C., "Getting attention". Harvard Business Review, 2000: 119.

[28] Davis R. A., "A cognitive-behavioral model of pathological Internet use", Computers in Human Behavior, 2001, 17 (2): 187 - 195.

[29] Davis F. D., "A technology acceptance model for empirically testing new end-user information systems: Theory and results", Massachusetts Institute of Technology, 1985.

[30] Davis F D., "Perceived usefulness, perceived ease of use, and user acceptance of information technology", MIS Quarterly, 1989: 319 - 340.

[31] Davis F D., "User acceptance of information technology: system characteristics, user perceptions and behavioral impacts", International Journal of Man-machine Studies, 1993, 38 (3): 475 - 487.

[32] Degeratu A. M., "Rangaswamy A, Wu J. Consumer choice behavior in online and traditional supermarkets: The effects of brand name, price, and other search attributes", International Journal of Research in Marketing, 2000, 17 (1): 55 - 78.

[33] Deighton J., "Commentary on Exploring the implications of the Internet

for consumer marketing", Journal of the Academy of Marketing Science, 1997, 25 (4): 347-351.

[34] Demetrovics Z., Szeredi B, Rózsa S., "The three-factor model of Internet addiction: The development of the Problematic Internet Use Questionnaire", Behavior Research Methods, 2008, 40 (2): 563-574.

[35] Eagly A. H., Chaiken S. "The psychology of attitudes", Harcourt Brace Jovanovich College Publishers, 1993.

[36] Eroglu S. A., "Machleit K A, Davis L M. Atmospheric qualities of online retailing: a conceptual model and implications", Journal of Business Research, 2001, 54 (2): 177-184.

[37] Festinger L. A., "Theory of cognitive dissonance", Stanford University Press, 1962.

[38] Finneran C. M., Zhang P. A., "Person-Artefact-Task (PAT) model of flow antecedents in computer-mediated environments", International Journal of Human-Computer Studies, 2003, 59 (4): 475-496.

[39] Finneran C M, Zhang P., "Flow in computer-mediated environments: promises and challenges", Communications of the Association for Information Systems, 2005, 82 (101): 101.

[40] Fishbein M., Ajzen I., "Belief, attitude, intention and behavior: An introduction to theory and research", Addison-Wesley, 1975.

[41] Fornell C., Larcker D. F., "Evaluating structural equation models with unobservable variables and measurement error", Journal of Marketing Research, 1981: 39-50.

[42] Forsythe S. M, Shi B., "Consumer patronage and risk perceptions in Internet shopping", Journal of Business Research, 2003, 56 (11): 867-875.

[43] Frenkel K. A., "Women and computing", Communications of the ACM, 1990, 33 (11): 34-46.

[44] Gefen D., Karahanna E., Straub D. W., "Trust and TAM in online shopping: An integrated model", MIS Quarterly, 2003: 51-90.

[45] Ghose S., Dou W., "Interactive functions and their impacts on the appeal of Internet presence sites", Journal of Advertising Research, 1998, 38: 29-44.

[46] Gillespie A., Krishna M., Oliver C., et al., "Online Behavior Stickiness", Vanderbilt University's eLab, 1999.

[47] Granovetter M., "Economic action and social structure: the problem of embeddedness", American Journal of Sociology, 1985: 481 – 510.

[48] Guest L., "Consumer analysis", Annual Review of Psychology, 1962, 13 (1): 315 – 344.

[49] Griffiths M., "Does Internet and computer 'addiction' exist? Some case study evidence", CyberPsychology and Behavior, 2000, 3 (2): 211 – 218.

[50] Hair J. F., Anderson R. E., Tatham R. L., et al., "Multivariate data analysis", Prentice Hall International, 1998.

[51] Hall A. S., Parsons J., "Internet addiction: College student case study using best practices in cognitive behavior therapy", Journal of Mental Health Counseling, 2001, 23 (4): 312 – 327.

[52] Hallowell R., "The relationships of customer satisfaction, customer loyalty, and profitability: an empirical study", International Journal of Service Industry Management, 1996, 7 (4): 27 – 42.

[53] Hauben M., "Netizens: On the history and impact of Usenet and the Internet", Peer-to-peer Communi, 1996.

[54] Hochbaum G., Rosenstock I, Kegels S., "Health belief model", United States Public Health Service, 1952.

[55] Hoffman D. L., Novak T. P., "Marketing in hypermedia computer-mediated environments: conceptual foundations", The Journal of Marketing, 1996: 50 – 68.

[56] Holland J., Menzel Baker S., "Customer participation in creating site brand loyalty", Journal of Interactive Marketing, 2001, 15 (4): 34 – 45.

[57] Hsu C. L., Lu H. P., "Why do people play on-line games? An extended TAM with social influe-nces and flow experience", Information & Management, 2004, 41 (7): 853 – 868.

[58] Joon-Mo, K., "The study on computer game involvement in Korea", Presented at Expert Forum on Internet addiction, 2001.

[59] Kauffman R. J., Lai H., Ho C. T., "Incentive mechanisms, fairness and participation in online group-buying auctions", Electronic Commerce

Research and Applications, 2010, 9 (3): 249-262.

[60] Khalifa M., Limayem M., Liu V., "Online Customer Stickiness: A Longitudinal Study", Journal of Global Information Management, 2002, 10 (3): 1-14.

[61] Khalifa M, Liu V., "Online consumer retention: contingent effects of online shopping habit and online shopping experience", European Journal of Information Systems, 2007, 16 (6): 780-792.

[62] Klein L. R., "Evaluating the potential of interactive media through a new lens: search versus experience goods", Journal of Business Research, 1998, 41 (3): 195-203.

[63] Koufaris M., Hampton-Sosa W., "The development of initial trust in an online company by new customers", Information & Management, 2004, 41 (3): 377-397.

[64] Kurniawan S. H., "Modeling online retailer customer preference and stickiness: A mediated structural equation model", Proceedings of the Fourth Pacific Asia Conference on Information Systems, 2000: 238-252.

[65] Hong, Soongeun, and Heeseok Lee., "Antecedents of use continuance for information systems", KMIS International Conference. 2005.

[66] Lee C. L., Lu H P, Lin J. C. C., "Using Website stickiness strategy to stick online readers: Web-based RPG reading", IASL 2008 Conference, USA, 2008.

[67] Lesieur H. R., Blume S. B., "Revising the south oaks gambling screen in different settings", Journal of Gambling Studies, 1993, 9 (3): 213-223.

[68] Lewin K., Heider F. T., Heider G. M., "Principles of topological psychology", McGraw-Hill, 1936.

[69] Li D., Browne G. J., Wetherbe J. C., "Why do internet users stick with a specific web site? A relationship perspective", International Journal of Electronic Commerce, 2006, 10 (4): 105-141.

[70] Li H., Kuo C., Rusell M. G., "The impact of perceived channel utilities, shopping orientations, and demographics on the consumer's online buying behavior", Journal of Computer Mediated Communication, 1999,

5 (2): 10.

[71] Lian J. W., Lin T. M., "Effects of consumer characteristics on their acceptance of online shopping: Comparisons among different product types", Computers in Human Behavior, 2008, 24 (1): 48 - 65.

[72] Lim N., "Consumers' perceived risk: sources versus consequences", Electronic Commerce Research and Applications, 2003, 2 (3): 216 - 228.

[73] Limayem M., Cheung C., Chang G., "A Meta-Analysis of Online Consumer Behavior. Empirical Research", Information System Department, City University of HongKong, 2003.

[74] Limayem M., Hirt S. G., "Force of habit and information systems usage: Theory and initial validation", Journal of the Association for Information Systems, 2003, 65 (97): 97.

[75] Limayem M., Hirt S. G., and Cheung C. M. K., "How habit limits the predictive power of intention: The case of information systems continuance", MIS Quarterly, 2007, 31 (4): 705 - 737.

[76] Lin C. S., Wu S., Tsai R. J., "Integrating perceived playfulness into expectation confirmation model for web portal context", Information & Management, 2005, 42 (5): 683 - 693.

[77] Lin J. C. C., "Online stickiness: its antecedents and effect on purchasing intention", Behaviour & Information Technology, 2007, 26 (6): 507 - 516.

[78] Locke E. A., "The nature and causes of job satisfaction", Handbook of Industrial and Organizational Psychology, 1976: 1319 - 1328.

[79] Lowe G. S., Krahn H., "Computer skills and use among high school and university graduates", Canadian Public Policy/Analyse de politiques, 1989: 175 - 188.

[80] Lu H. P., Lee M. R., "Demographic differences and the antecedents of blog stickiness", Online Information Review, 2010, 34 (1): 21 - 38.

[81] Lynch P. D., Kent R. J., "Srinivasan S S. The global internet shopper: evidence from shopping tasks in twelve countries", Journal of Advertising Research, 2001, 41 (3): 15 - 24.

[82] Manchanda P., Dubé J. P., Goh K. Y., et al., "The effect of banner advertising on internet purchasing", Journal of Marketing Research,

2006: 98 – 108.

[83] Mathieson K., "Predicting user intentions: comparing the technology acceptance model with the theory of planned behavior", Information Systems Research, 1991, 2 (3): 173 – 191.

[84] Menon S., Kahn B., "Cross-category effects of induced arousal and pleasure on the internet shopping experience", Journal of Retailing, 2002, 78 (1): 31 – 40.

[85] Mathwick C., Rigdon E., "Play, flow, and the online search experience", Journal of Consumer Research, 2004, 31 (2): 324 – 332.

[86] Mittal B., Lassar W. M., "Why do customers switch? The dynamics of satisfaction versus loyalty", Journal of Services Marketing, 1998, 12 (3): 177 – 194.

[87] Morahan-Martin J., Schumacher P., "Incidence and correlates of pathological Internet use among college students", Computers in Human Behavior, 2000, 16 (1): 13 – 29.

[88] Nahapiet J., Ghoshal S., "Social capital, intellectual capital, and the organizational advantage", Academy of Management Review, 1998: 242 – 266.

[89] Nemzow M., "Ecommerce stickiness for customer retention", Journal of Internet Banking and Commerce, 1999, 4 (1): 9908 – 03.

[90] Nucleus Research [DB/CD], http://tech.qq.com/a/20090724/000446.htm, 2009.

[91] Nunnally J., "Psychometric methods", McGraw-Hill, New York, NY, 1978.

[92] Oliver R. L., "A cognitive model of the antecedents and consequences of satisfaction decisions", Journal of Marketing Research, 1980: 460 – 469.

[93] Oliver R. L., "Measurement and evaluation of satisfaction processes in retail settings", Journal of Retailing, 1981.

[94] Oliver R. L., Rust R. T., Varki S., "Customer delight: foundations, findings, and managerial insight", Journal of Retailing, 1997, 73 (3): 311 – 336.

[95] Oliver R. L., "Whence consumer loyalty?", Journal of Marketing, 1999: 33 – 44.

[96] Pahnila S., Warsta J., "Assessing the Factors That Have an Impact On

Stickiness In Online Game Communities", PACIS 2012 Proceedings, 2012.

[97] Polanyi K., "The economy as instituted process", Trade and Market in the eEarly Empires, 1957, 243.

[98] Polites G. L., Williams C. K., Karahanna E., et al., "A theoretical framework for consumer e-satisfaction and site stickiness: an evaluation in the context of online hotel reservations", Journal of Organizational Computing and Electronic Commerce, 2012, 22 (1): 1 – 37.

[99] Ranganathan C., Ganapathy S., "Key dimensions of business-to-consumer web sites", Information & Management, 2002, 39 (6): 457 – 465.

[100] Reibstein D. J., "What attracts customers to online stores, and what keeps them coming back?", Journal of the academy of Marketing Science, 2002, 30 (4): 465 – 473.

[101] Rosen S., "Sticky website is key to success", Communication World, 2001, 18 (3): 36.

[102] Rosenstock I. M., Strecher V. J., Becker M. H., "Social learning theory and the health belief model", Health Education & Behavior, 1988, 15 (2): 175 – 183.

[103] Schiffman L. G., Kanuk L. L., "Consumer Behavior", 5rd. 1994.

[104] Shankar V., Smith A. K., Rangaswamy A., "Customer satisfaction and loyalty in online and offline environments", International Journal of Research in Marketing, 2003, 20 (2): 153 – 175.

[105] Shim S., Eastlick M. A., Lotz S. L., et al., "An online prepurchase intentions model: The role of intention to search: Best Overall Paper Award", Journal of Retailing, 2001, 77 (3): 397 – 416.

[106] Soopramanien D., Fildes R., Robertson A., "Internet usage and online shopping experience as predictors of consumers′ preferences to shop online across product categories.", Lancaster University Management School Working Paper, 2003.

[107] Spreng R. A., MacKenzie S. B., Olshavsky R. W., "A reexamination of the determinants of consumer satisfaction", The Journal of Marketing, 1996: 15 – 32.

[108] Srinivasan S. S., Anderson R., and Ponnavolu K., "Customer loyalty

in e-commerce: an exploration of its antecedents and consequences", Journal of Retailing, 2002, 78 (1): 41 – 50.

[109] Steiger J. H., Lind J. C., "Statistically based tests for the number of common factors", Annual meeting of the Psychometric Society, Iowa City, IA. 1980, 758.

[110] Steuer J., "Defining virtual reality: Dimensions determining telepresence", Journal of Communication, 1992, 42 (4): 73 – 93.

[111] Su B., Gupta A., Walter Z., "Economic analysis of consumer purchase intentions in electronic and traditional retail channels: competitive and strategic implications, e-Technology, e-Commerce and e-Service", 2004 IEEE International Conference on. IEEE, 2004: 369 – 372.

[112] Telang R., Mukhopadhyay T., "Drivers of Web portal use", Electronic Commerce Research and Applications, 2005, 4 (1): 49 – 65.

[113] Teo T. S. H., Lim V. K. G., "Gender differences in internet usage and task preferences", Behaviour & Information Technology, 2000, 19 (4): 283 – 295.

[114] Teo T. S. H., Yeong Y. D., "Assessing the consumer decision process in the digital marketplace", Omega, 2003, 31 (5): 349 – 363.

[115] Thatcher A., Goolam S., "Development and psychometric properties of the Problematic Internet Use Questionnaire", South African Journal of Psychology, 2005, 35 (4): 793.

[116] Thatcher A., Goolam S., "Defining the South African Internetaddict: Prevalence and biographical profiling of problematic Internet users in South Africa", South African Journal of Psychology, 2005, 35 (4): 766.

[117] Trevino L. K., Webster J., "Flow in Computer-Mediated Communication Electronic Mail and Voice Mail Evaluation and Impacts", Communication research, 1992, 19 (5): 539 – 573.

[118] Triandis H. C., "Values, attitudes, and interpersonal behavior", Nebraska Symposium on Motivation. Nebraska Symposium on Motivation., 1980, 27: 195.

[119] Tsai H. T., Huang H. C., "Online consumer loyalty: Why e-tailers

should seek a high-profile leadership position", Computers in Human Behavior, 2009, 25 (6): 1231 – 1240.

[120] Tsai W., Ghoshal S., "Social capital and value creation: The role of intrafirm networks", Academy of management Journal, 1998, 41 (4): 464 – 476.

[121] Venkatesh V., Morris M. G., Davis G. B., et al., "User acceptance of information technology: Toward a unified view", MIS Quarterly, 2003: 425 – 478.

[122] Vesper K., "New venture strategies", University of Illinois at Urbana-Champaign's Academy for Entrepreneurial Leadership Historical Research Reference in Entrepreneurship, 1990.

[123] Vijayasarathy L. R., "Predicting consumer intentions to use on-line shopping: the case for an augmented technology acceptance model", Information & Management, 2004, 41 (6): 747 – 762.

[124] Walter Z., "Web Credibility and Stickiness of Content Web Sites", Wireless Communications, Networking and Mobile Computing, 2007. WiCom 2007. International Conference on. IEEE, 2007: 3820 – 3823.

[125] Wellman B., Potter S., "The elements of personal communities", Networks in the Global Village, 1999: 49 – 82.

[126] Whang L. S. M., Lee S., Chang G., "Internet over-users' psychological profiles: a behavior sampling analysis on internet addiction", Cyber Psychology & Behavior, 2003, 6 (2): 143 – 150.

[127] Widyanto L., Mcmurran M., "The psychometric properties of the internet addiction test", CyberPsychology & Behavior, 2004, 7 (4): 443 – 450.

[128] Wolfinbarger M., Gilly M. C., "eTailQ: dimensionalizing, measuring and predicting etail quality", Journal of Retailing, 2003, 79 (3): 183 – 198.

[129] Wu J. H., Wang S. C., Tsai H. H., "Falling in love with online games: The uses and gratifications perspective", Computers in Human Behavior, 2010, 26 (6): 1862 – 1871.

[130] Wu Y., Wang Z., Chang K., et al., "Why People Stick to Play Social Network Site Based Entertainment Applications: Design Factors and Flow Theory Perspective", PACIS 2010 Proceedings, 2010: 102.

[131] Xu J., Liu Z., "Study of Online Stickiness: Its Antecedents and Effect on Repurchase Intention", e-Education, e-Business, e-Management, and e-Learning, 2010. IC4E 10. International Conference on. IEEE, 2010: 116-120.

[132] Young K. S., "Psychology of computer use: XL. Addictive use of the Internet: a case that breaks the stereotype", Psychological Reports, 1996, 79 (3): 899-902.

[133] Young K. S., "Internet addiction: The emergence of a new clinical disorder", Cyber Psychology & Behavior, 1998, 1 (3): 237-244.

[134] Young K. S., Rodgers R. C., "Internet addiction: Personality traits associated with its development", (69th annual meeting of the Eastern Psychological Association), 1998.

[135] Zott C., Amit R., Donlevy J., "Strategies for value creation in e-commerce: Best Practice in Europe", European Management Journal, 2000, 18 (5): 463-475.

[136] 艾瑞咨询, http://www.iresearch.com.cn/View/120719.html, 2010。

[137] 常亚平、朱东红:《基于消费者创新性视角的网上购物意向影响因素研究》,《管理学报》2007年第6期。

[138] 陈洁、丛芳、康枫:《基于心流体验视角的在线消费者购买行为影响因素研究》,《南开管理评论》2009年第2期。

[139] 陈淑惠、翁俪祯、苏逸人:《中文网络成瘾量表之编制与心理计量特性研究》,《中华心理学刊》2003年第3期。

[140] 程宏:《用"黏性"理念经营网银——兴业银行的网上银行发展与创新》,《金融电子化》2009年第4期。

[141] 程华:《美国网上零售的成功:渐进式创新》,《经济管理》2003年第1期。

[142] 德国ARD/ZDF2011, http://ard-zdf-onlinestudie.de/index.php.?id=online nutzung 2011。

[143] 德国高科技协会,《Bitkom报告》http://www.bitkom.org/de/phblikation/38338_70897.aspx, 2012。

[144] 高海霞:《基于消费者风险态度的赋权价值购买模型》,《China Management Studies》2010年第5期。

[145] 韩国放送通信委员会，http：//finance. china. com. cn/moneychina/news/gjjj/ 20120827 /485221. shtml，2012。

[146] 韩小红、赵杰、刘小红：《网络消费者行为》，西安交通大学出版社 2008 年版。

[147] 何明升：《网络消费：理论模型与行为分析》，黑龙江人民出版社 2002 年版。

[148] 互联网实验室，《中国城市居民互联网应用研究报告》http：//tech. sina. com. cn/i/w/2004 - 08 - 13/ 1344404284. shtml。

[149] 孔庆民、梁修庆：《个体行为模型转换与消费者决策行为影响因素研究》，《商场现代化》2006 年第 12 期。

[150] 李宝玲、李琪：《网上消费者的感知风险及其来源分析》，《经济管理》2007 年第 2 期。

[151] 李晨宇：《基于用户黏性的中国社交网站盈利模式可持续性分析——以人人网的用户黏性分析为例》，《中国传媒大学第五届全国新闻学与传播学博士生学术研讨会本研究集》2011 年。

[152] 李季：《从购买成本的角度解读网络购物行为》，《商业研究》2006 年第 18 期。

[153] 李艺、马钦海：《顾客心理安全感对网络服务消费行为作用的实证研究》，《管理学报》2007 年第 6 期。

[154] 雷雳、李宏利：《病理性使用互联网的界定与测量》，《心理科学进展》2003 年第 1 期。

[155] 刘蓓、郑欣：《基于网站属性与访问者行为的网站粘性研究》，《中国商界》2011 年第 6 期。

[156] 刘惠军、李洋、李亚莉：《大学生电脑游戏成瘾问卷的编制》，《中国心理卫生杂志》2007 年第 1 期。

[157] 美国皮尤网络与美国生活项目（Pew）研究中心，http：//www. Pewinternet. org/Search. aspx？q = Spring% 20Tracking% 20report% 202011，2011。

[158] 南非调查公司 World Wide Worx，2011，http：//intl. ce. cn/specials/zxxx/201108/29/ t20110829_ 22655731. shtml。

[159] 尼尔森，http：//www. 199it. com/archives/17298. html，2011。

[160] 普华永道，http：//finance. stockstar. com/JC2012050300003747.

shtml，2012。

[161] 任晗、钟正强：《网络团购模式下的消费者行为探析》，《商业时代》2011年第22期。

[162] 苏秦、李钊、崔艳武等：《网络消费者行为影响因素分析及实证研究》，《系统工程》2007年第2期。

[163] 陶然、王吉囡、黄秀琴等：《网络成瘾的命名，定义及临床诊断标准》，《武警医学》2008年第9期。

[164] 陶然：《网络成瘾探析与干预》，上海人民出版社2007年版。

[165] 王冬、李钟坦、柳承浩：《韩国青少年网络游戏问题研究》，《中国青年政治学院学报》2006年第5期。

[166] 王芳：《论网上消费行为中的理性与信任》，《北方经济》2008年第5期。

[167] 王海萍：《在线消费者粘性研究》，博士学位论文，山东大学，2009年。

[168] 王京山、王锦贵：《关于建立网络用户学的思考》，《江苏图书馆学报》2002年第3期。

[169] 伍丽君：《网上消费者行为分析》，《湖北社会科学》2005年第12期。

[170] 杨放如、郝伟：《52例网络成瘾青少年心理社会综合干预的疗效观察》，《中国临床心理学杂志》2005年第3期。

[171] 杨冠淳、卢向华：《促进用户粘性的虚拟社区技术与管理设计创新——基于实证的研究》，《研究与发展管理》2009年第5期。

[172] 杨容、邵智、郑涌：《中学生网络成瘾症的综合干预》，《中国心理卫生杂志》2005年第7期。

[173] 殷国鹏、杨波：《SNS用户持续行为的理论模型及实证研究》，《信息系统学报》2010年第1期。

[174] 曾伏娥、张华：《无网上购物经验的消费者橱窗购物行为——基于交易成本视角的实证研究》，《经济管理》2008年第23期。

[175] 赵彬、陈洁、丛芳：《基于"心流体验"视角的在线消费者品牌忠诚行为分析》，《现代管理科学》2009年第2期。

[176] 赵国洪：《政府农业信息网站绩效改善的路径选择——基于用户认知度，满意度和粘性度调研》，《农业经济》2009年第7期。

[177] 张莲、肖海鸥:《网络用户分类及阅读心理特点探讨》,《现代情报》2003 年第 12 期。

[178] 张夷君:《虚拟社群信任对消费者网络团购意愿影响之研究》,博士学位论文,复旦大学,2010 年。

[179] 郑傲:《网络互动中的网民自我意识研究》,博士学位论文,中国传媒大学,2008 年。

[180] 中华人民共和国驻瑞典王国大使馆经济商务参赞处,http://se.mofcom.gov.cn/aarticle/jmxw/201201/20120107945144.html,2012。

[181] 中国电子商务研究中心,http://b2b.toocle.com/detail——6029190.html,2012。

[182] 中国互联网信息中心(CNNIC),《中国互联网发展状况统计报告》,http://www.cnnic.net.cn/research/bgxz/tjbg/201207/t20120719_32247.html。

[183] 中文互联网资讯中心,http://www.199it.com/archives/70266.html,2012。

附 录

# 附录1 调查问卷

尊敬的朋友：

您好！我们正在进行一项关于网络用户心理与行为的研究，特设计本调查问卷，恳请您在百忙之中能够抽出宝贵时间填答。您的回答没有正误之分，只作学术研究之用，我们希望得到您的真实想法并将为您严格保密。衷心感谢您的大力支持和配合，祝您万事如意！

在本项研究中，我们按照网络用户不同的应用目的将网络应用行为分为以下四种类型：商务交易（包括网络购物、团购、网上支付和旅行预订等）、娱乐游戏（包括网络游戏、在线试听和网络文学欣赏等）、信息获取（包括信息搜索和网络新闻浏览等）和交流沟通（包括即时通信、博客、微博和社交网站等）。

下面描述是关于您进行网络应用行为时的亲身体验和感受，请在符合您个人情况的选项处打"√"。选项说明：1—非常不同意，2—不同意，3—不确定，4—同意，5—非常同意。

| 测量项目 | 非常不同意 | 不同意 | 不确定 | 同意 | 非常同意 |
| --- | --- | --- | --- | --- | --- |
| 上网对我而言是有益的 | 1 | 2 | 3 | 4 | 5 |
| 上网的好处大于坏处 | 1 | 2 | 3 | 4 | 5 |
| 网络有很强的优越性 | 1 | 2 | 3 | 4 | 5 |
| 上网过程中的体验和经历超出了我的预期 | 1 | 2 | 3 | 4 | 5 |
| 网络所提供的服务超出了我的预期 | 1 | 2 | 3 | 4 | 5 |
| 总体而言，我对网络的绝大多数期望都得到了满足 | 1 | 2 | 3 | 4 | 5 |
| 我非常乐于使用网络 | 1 | 2 | 3 | 4 | 5 |

<<< 附　录

续表

| 测量项目 | 非常不同意 | 不同意 | 不确定 | 同意 | 非常同意 |
|---|---|---|---|---|---|
| 上网对我而言是一种习惯 | 1 | 2 | 3 | 4 | 5 |
| 上网对我而言近乎是一种本能的行为 | 1 | 2 | 3 | 4 | 5 |
| 上网通常是我的首选 | 1 | 2 | 3 | 4 | 5 |
| 我在使用网络时的总体感受是"满意" | 1 | 2 | 3 | 4 | 5 |
| 我在使用网络时的总体感受是"愉快" | 1 | 2 | 3 | 4 | 5 |
| 我在使用网络时的总体感受是"满足" | 1 | 2 | 3 | 4 | 5 |
| 我在使用网络时的总体感受是"高兴" | 1 | 2 | 3 | 4 | 5 |
| 上网时我只需等待很短时间 | 1 | 2 | 3 | 4 | 5 |
| 上网时我感觉与网站的互动慢且单调 | 1 | 2 | 3 | 4 | 5 |
| 我感觉上网时网页的浏览和下载速度很快 | 1 | 2 | 3 | 4 | 5 |
| 我周围的人都使用网络 | 1 | 2 | 3 | 4 | 5 |
| 与我经常保持联系的人都使用网络 | 1 | 2 | 3 | 4 | 5 |
| 我周围很少有人使用网络 | 1 | 2 | 3 | 4 | 5 |
| 与我经常保持联系的人很少使用网络 | 1 | 2 | 3 | 4 | 5 |
| 我具有出色使用网络的技能 | 1 | 2 | 3 | 4 | 5 |
| 我认为自己在使用网络方面知识渊博 | 1 | 2 | 3 | 4 | 5 |
| 在使用网络方面我比大部分人知道的少 | 1 | 2 | 3 | 4 | 5 |
| 我知道如何利用网络来实现我的目的 | 1 | 2 | 3 | 4 | 5 |
| 我很享受上网的过程 | 1 | 2 | 3 | 4 | 5 |
| 当我上网时，我感觉时间过得特别快 | 1 | 2 | 3 | 4 | 5 |
| 我以为自己上网只有很短的时间，可事后才发现时间已经过去很久了 | 1 | 2 | 3 | 4 | 5 |
| 相对于其他线下方式来说，我将继续使用网络 | 1 | 2 | 3 | 4 | 5 |
| 如果条件允许，我将按照我的意愿继续使用网络 | 1 | 2 | 3 | 4 | 5 |
| 如果条件允许，我愿意继续使用网络 | 1 | 2 | 3 | 4 | 5 |
| 我更愿意上网而不是和亲密的朋友待在一起 | 1 | 2 | 3 | 4 | 5 |
| 上网影响到了我的工作效率和学习成绩 | 1 | 2 | 3 | 4 | 5 |
| 我试图想办法减少上网时间但失败了 | 1 | 2 | 3 | 4 | 5 |
| 我离线后心里还想着上网的事情 | 1 | 2 | 3 | 4 | 5 |

续表

| 测量项目 | 非常不同意 | 不同意 | 不确定 | 同意 | 非常同意 |
|---|---|---|---|---|---|
| 我因为熬夜上网而损失睡眠 | 1 | 2 | 3 | 4 | 5 |
| 我发现自己总以再等几分钟为借口拖延下线时间 | 1 | 2 | 3 | 4 | 5 |
| 与家庭、学校或单位生活相比，我上网时感觉最舒服 | 1 | 2 | 3 | 4 | 5 |
| 我上网被打扰时会情绪失控 | 1 | 2 | 3 | 4 | 5 |
| 我发现自己很期待再次上网 | 1 | 2 | 3 | 4 | 5 |
| 我经常忘记要做的事情而把更多的时间花在上网上 | 1 | 2 | 3 | 4 | 5 |
| 我上网的时间比原计划的长 | 1 | 2 | 3 | 4 | 5 |

以下是有关您网络应用行为的频次、时间等方面的描述，请从不同的选项中选出最符合您实际情况的选项。

| | | | | | |
|---|---|---|---|---|---|
| 您平常上网的频率 | 非常低 | 较低 | 一般 | 较高 | 非常高 |
| 您平常上网的时间 | 非常短 | 较短 | 一般 | 较长 | 非常长 |
| 您平常上网的深度 | 非常浅 | 较浅 | 一般 | 较深 | 非常深 |

# 附录 2　实验问卷

尊敬的朋友：

您好！首先非常感谢您作为一名志愿者参与我们关于网络用户心理与行为的实验研究，我们的实验将进行跟踪调查。您的回答没有对错之分，只作学术研究之用，我们将对您的回答结果进行严格保密。衷心感谢您的大力支持和配合，祝您万事如意！

第一部分，关于您在使用网络时的亲身体验和感受，请在符合您个人情况的选项处标红。其中，5 代表非常同意；4 代表同意；3 代表不确定；2 代表不同意；1 代表非常不同意。

| 测量项目 | 非常不同意 | 不同意 | 不确定 | 同意 | 非常同意 |
| --- | --- | --- | --- | --- | --- |
| 1. 我更愿意上网而不是和亲密的朋友待在一起 | 1 | 2 | 3 | 4 | 5 |
| 2. 上网影响到了我的工作效率和学习成绩 | 1 | 2 | 3 | 4 | 5 |
| 3. 我试图想办法减少上网时间但失败了 | 1 | 2 | 3 | 4 | 5 |
| 4. 我离线后心里还想着上网的事情 | 1 | 2 | 3 | 4 | 5 |
| 5. 我因为熬夜上网而损失睡眠 | 1 | 2 | 3 | 4 | 5 |
| 6. 我发现自己总以再等几分钟为借口拖延下线时间 | 1 | 2 | 3 | 4 | 5 |
| 7. 我上网被打扰时会情绪失控 | 1 | 2 | 3 | 4 | 5 |
| 8. 我发现自己很期待再次上网 | 1 | 2 | 3 | 4 | 5 |
| 9. 我上网的时间比原计划的长 | 1 | 2 | 3 | 4 | 5 |
| 10. 我经常忘记要做的事情而把更多的时间花在上网 | 1 | 2 | 3 | 4 | 5 |
| 11. 与家庭、学校或单位生活相比，我上网时感觉最舒服 | 1 | 2 | 3 | 4 | 5 |

附录2 实验问卷

续表

| 测量项目 | 非常不同意 | 不同意 | 不确定 | 同意 | 非常同意 |
| --- | --- | --- | --- | --- | --- |
| 12. 我平常用电脑及网络办公或进行远程学习 | 1 | 2 | 3 | 4 | 5 |
| 13. 如果缺少网络的帮助,我的工作/学习将很难正常进行 | 1 | 2 | 3 | 4 | 5 |
| 14. 我的工作/学习离不开各种电脑软件、E-mail、搜索引擎等工具 | 1 | 2 | 3 | 4 | 5 |
| 15. 工作与学习的需要,促使我花更多的时间去学习使用新的网络功能与服务 | 1 | 2 | 3 | 4 | 5 |
| 16. 上网占去我大部分的休闲时间,但我乐在其中 | 1 | 2 | 3 | 4 | 5 |
| 17. 我的休闲娱乐大多与电脑网络科技有关,例如上网冲浪、玩游戏、听音乐、下载电影等 | 1 | 2 | 3 | 4 | 5 |
| 18. 网络游戏能够让我更加放松,为我带来乐趣 | 1 | 2 | 3 | 4 | 5 |
| 19. 网络为我带来了许多新的兴趣爱好 | 1 | 2 | 3 | 4 | 5 |
| 20. 我认为网络是促进人际交往最有效的方式 | 1 | 2 | 3 | 4 | 5 |
| 21. 通过网络,我能够结交到志同道合的新朋友 | 1 | 2 | 3 | 4 | 5 |
| 22. 我经常通过网络与亲戚朋友联系 | 1 | 2 | 3 | 4 | 5 |
| 23. 上网后,我经常保持联系的朋友数量增加了 | 1 | 2 | 3 | 4 | 5 |
| 24. 当我有疑问需解答时,首先想到使用网络搜寻答案 | 1 | 2 | 3 | 4 | 5 |
| 25. 网络扩大了我的知识选择范围,加快了我的知识更新速度 | 1 | 2 | 3 | 4 | 5 |
| 26. 我倾向于通过网络来获得有关个人生活的信息(如购物、旅游、健康知识等) | 1 | 2 | 3 | 4 | 5 |
| 27. 我倾向于通过网络来获得有关学习及工作的信息 | 1 | 2 | 3 | 4 | 5 |
| 28. 相对于传统媒体(报纸、杂志、电视、广播等),我更倾向于通过网络了解国内外新闻事件 | 1 | 2 | 3 | 4 | 5 |
| 29. 相对于传统媒体(报纸、杂志、电视、广播等),我更倾向于通过网络来关注社会热点信息 | 1 | 2 | 3 | 4 | 5 |
| 30. 使用网络以后,我接触传统媒体(报纸、杂志、电视、广播等)的时间减少了 | 1 | 2 | 3 | 4 | 5 |
| 31. 如果在网络与其他媒体中进行选择,我应该会选择网络 | 1 | 2 | 3 | 4 | 5 |
| 32. 相对于传统购物,我更倾向于网络购物 | 1 | 2 | 3 | 4 | 5 |
| 33. 我觉得网络购物比传统购物方便省时 | 1 | 2 | 3 | 4 | 5 |
| 34. 我愿意继续使用网络购物 | 1 | 2 | 3 | 4 | 5 |

续表

| 测量项目 | 非常不同意 | 不同意 | 不确定 | 同意 | 非常同意 |
|---|---|---|---|---|---|
| 35. 我觉得网络购物是安全可靠的 | 1 | 2 | 3 | 4 | 5 |
| 36. 睡觉前我做的最后一件事是离开网络 | 1 | 2 | 3 | 4 | 5 |
| 37. 在我入睡之前，我更愿意使用网络打发时间 | 1 | 2 | 3 | 4 | 5 |
| 38. 我不认为睡前使用网络延长了入睡时间 | 1 | 2 | 3 | 4 | 5 |

第二部分，关于您的个人信息，请在符合您个人情况的选项处标红。

1. 您的性别　A．男　　　　B．女

2. 您的年龄是_____岁

3. 您的网龄是_____年

4. 您的学历是_____

　A．初中及以下　　B．高中　　　　　C．大专

　D．大学　　　　　E．研究生及以上

5. 您的职业是_____

　A．学生　　　　　B．公务员　　　　C．企事业员工

　D．自由职业者　　E．其他

6. 您的月收入是_____元

　A．无收入　　　　B．1000元以下　　C．1000～3000元

　D．3000～5000元　E．5000元以上

7. 您一般在哪里上网（可多选）

　A．网吧　　　　　B．学校　　　　　C．单位

　D．家里　　　　　E．其他

8. 您每次上网的平均时长是_____小时

9. 您最常使用的网络应用是什么（可多选）

　A．信息搜寻　　　B．网络新闻浏览　C．即时通信

　D．博客个人空间　E．微博　　　　　F．社交网站

　G．网络购物　　　H．团购　　　　　I．在线支付

　J．旅行　　　　　K．网络游戏　　　L．网络文学

　M．网络视频

## 附表3　人口变量粘性特征表

|  | 生活影响 |  | 上网渴求 |  | 情绪安慰 |  | 时间拖延 |  | 粘性 |  |
|---|---|---|---|---|---|---|---|---|---|---|
|  | 均值 | 标准差 | 均值 | 标准差 | 均值 | 标准差 | 均值 | 标准差 | 均值 | 标准差 |
| 性别 |  |  |  |  |  |  |  |  |  |  |
| 男 | 2.76 | 0.96 | 2.74 | 0.95 | 3.45 | 0.85 | 3.28 | 0.87 | 2.98 | 0.78 |
| 女 | 2.63 | 0.92 | 2.58 | 0.92 | 3.39 | 0.86 | 3.34 | 0.85 | 2.89 | 0.75 |
| 年龄 |  |  |  |  |  |  |  |  |  |  |
| 6~14岁 | 2.93 | 0.92 | 2.70 | 1.00 | 3.43 | 0.82 | 3.55 | 1.01 | 3.04 | 0.70 |
| 15~24岁 | 2.67 | 0.97 | 2.64 | 0.97 | 3.32 | 0.92 | 3.30 | 0.89 | 2.91 | 0.78 |
| 25~35岁 | 2.73 | 0.95 | 2.68 | 0.94 | 3.48 | 0.83 | 3.32 | 0.86 | 2.96 | 0.78 |
| 36~45岁 | 2.64 | 0.86 | 2.62 | 0.88 | 3.38 | 0.81 | 3.27 | 0.81 | 2.89 | 0.71 |
| 46~60岁 | 2.78 | 0.82 | 2.71 | 0.87 | 3.52 | 0.70 | 3.35 | 0.76 | 2.98 | 0.68 |
| 60以上 | 2.71 | 1.06 | 2.69 | 1.01 | 3.81 | 0.46 | 3.31 | 0.59 | 3.02 | 0.74 |
| 学历 |  |  |  |  |  |  |  |  |  |  |
| 初中及以下 | 2.88 | 0.96 | 2.88 | 0.99 | 3.59 | 0.99 | 3.39 | 0.93 | 3.12 | 0.84 |
| 高中 | 2.78 | 0.89 | 2.80 | 0.88 | 3.34 | 0.84 | 3.30 | 0.80 | 2.99 | 0.70 |
| 大专 | 2.72 | 0.93 | 2.70 | 0.92 | 3.44 | 0.80 | 3.33 | 0.85 | 2.96 | 0.75 |
| 大学 | 2.69 | 0.95 | 2.63 | 0.95 | 3.43 | 0.87 | 3.32 | 0.87 | 2.93 | 0.77 |
| 研究生 | 2.51 | 0.99 | 2.40 | 0.99 | 3.39 | 0.87 | 3.14 | 0.94 | 2.75 | 0.82 |

续表

|  | 生活影响 |  | 上网渴求 |  | 情绪安慰 |  | 时间拖延 |  | 粘性 |  |
| --- | --- | --- | --- | --- | --- | --- | --- | --- | --- | --- |
|  | 均值 | 标准差 | 均值 | 标准差 | 均值 | 标准差 | 均值 | 标准差 | 均值 | 标准差 |
| 婚姻 |  |  |  |  |  |  |  |  |  |  |
| 单身（未婚） | 2.67 | 0.96 | 2.64 | 0.95 | 3.40 | 0.87 | 3.27 | 0.91 | 2.92 | 0.77 |
| 单身（离/丧） | 2.59 | 0.80 | 2.58 | 0.88 | 3.28 | 1.00 | 3.01 | 0.99 | 2.80 | 0.81 |
| 已婚无小孩 | 2.82 | 1.04 | 2.76 | 1.01 | 3.37 | 0.93 | 3.37 | 0.87 | 2.99 | 0.87 |
| 已婚有小孩 | 2.71 | 0.90 | 2.67 | 0.91 | 3.46 | 0.79 | 3.35 | 0.79 | 2.96 | 0.72 |
| 家庭 |  |  |  |  |  |  |  |  |  |  |
| 单亲家庭 | 2.74 | 0.98 | 2.73 | 0.99 | 3.46 | 0.91 | 3.27 | 0.91 | 2.97 | 0.80 |
| 双亲家庭 | 2.70 | 0.94 | 2.66 | 0.93 | 3.42 | 0.84 | 3.31 | 0.85 | 2.93 | 0.76 |
| 网龄 |  |  |  |  |  |  |  |  |  |  |
| 1年以下 | 1.88 | 0.94 | 1.53 | 0.57 | 2.31 | 1.49 | 2.25 | 1.41 | 1.90 | 0.98 |
| 2~5年 | 2.72 | 0.92 | 2.70 | 0.92 | 3.35 | 0.86 | 3.28 | 0.83 | 2.94 | 0.73 |
| 6~10年 | 2.72 | 0.94 | 2.69 | 0.94 | 3.43 | 0.84 | 3.34 | 0.84 | 2.96 | 0.76 |
| 10年以上 | 2.65 | 0.96 | 2.61 | 0.95 | 3.47 | 0.85 | 3.28 | 0.90 | 2.91 | 0.79 |
| 收入 |  |  |  |  |  |  |  |  |  |  |
| 无收入 | 2.68 | 1.00 | 2.58 | 1.01 | 3.34 | 0.99 | 3.36 | 0.93 | 2.91 | 0.80 |
| 1000元以下 | 2.76 | 0.90 | 2.78 | 0.85 | 3.39 | 0.86 | 3.21 | 0.89 | 2.98 | 0.74 |
| 1000~3000元 | 2.74 | 0.94 | 2.69 | 0.94 | 3.38 | 0.85 | 3.31 | 0.84 | 2.95 | 0.77 |
| 3000~5000元 | 2.67 | 0.88 | 2.65 | 0.89 | 3.50 | 0.78 | 3.34 | 0.82 | 2.94 | 0.71 |
| 5000元以上 | 2.65 | 1.03 | 2.64 | 1.00 | 3.48 | 0.89 | 3.24 | 0.92 | 2.91 | 0.84 |
| 区域 |  |  |  |  |  |  |  |  |  |  |
| 东部 | 2.69 | 0.95 | 2.64 | 0.96 | 3.47 | 0.85 | 3.32 | 0.86 | 2.93 | 0.77 |
| 中部 | 2.71 | 0.96 | 2.68 | 0.93 | 3.42 | 0.80 | 3.30 | 0.86 | 2.94 | 0.77 |
| 西部 | 2.72 | 0.91 | 2.68 | 0.92 | 3.37 | 0.89 | 3.31 | 0.86 | 2.94 | 0.75 |
| 职业 |  |  |  |  |  |  |  |  |  |  |

附表3 人口变量粘性特征表

续表

| | 生活影响 | | 上网渴求 | | 情绪安慰 | | 时间拖延 | | 粘性 | |
|---|---|---|---|---|---|---|---|---|---|---|
| | 均值 | 标准差 | 均值 | 标准差 | 均值 | 标准差 | 均值 | 标准差 | 均值 | 标准差 |
| 小学、初高中 | 2.89 | 1.02 | 2.91 | 1.03 | 3.37 | 1.10 | 3.34 | 0.99 | 3.06 | 0.88 |
| 大学生 | 2.62 | 0.99 | 2.53 | 0.96 | 3.37 | 0.94 | 3.32 | 1.04 | 2.88 | 0.77 |
| 公务员 | 2.74 | 0.95 | 2.72 | 0.95 | 3.51 | 0.88 | 3.46 | 0.82 | 3.01 | 0.79 |
| 企事业单位 | 2.70 | 0.92 | 2.66 | 0.92 | 3.45 | 0.82 | 3.29 | 0.85 | 2.94 | 0.75 |
| 农民 | 2.37 | 1.41 | 2.33 | 1.41 | 2.33 | 1.50 | 2.61 | 1.45 | 2.39 | 1.34 |
| 自由职业 | 2.76 | 0.88 | 2.74 | 0.89 | 3.46 | 0.79 | 3.31 | 0.79 | 3.00 | 0.71 |
| 无业/下岗 | 2.56 | 1.09 | 2.44 | 1.14 | 3.17 | 1.06 | 3.27 | 0.98 | 2.79 | 0.89 |
| 其他 | 2.66 | 0.99 | 2.60 | 0.96 | 3.31 | 0.83 | 3.32 | 0.83 | 2.88 | 0.78 |

# 附表4 聚类结果特征分析表

| 人口特征 | 特征表现 | 聚类结果 | 第1类 | 第2类 | 第3类 | 第4类 | 合计 |
|---|---|---|---|---|---|---|---|
| 网络应用 | 商务交易 | 计数 | 142 | 194 | 175 | 209 | 720 |
| | | 百分比（%） | 19.80 | 26.90 | 24.30 | 29.00 | 100.00 |
| | 娱乐游戏 | 计数 | 166 | 220 | 134 | 164 | 684 |
| | | 百分比（%） | 24.20 | 32.20 | 19.60 | 23.90 | 100.00 |
| | 信息获取 | 计数 | 146 | 203 | 154 | 143 | 647 |
| | | 百分比（%） | 22.70 | 31.40 | 23.80 | 22.20 | 100.00 |
| | 交流沟通 | 计数 | 154 | 210 | 130 | 133 | 627 |
| | | 百分比（%） | 24.50 | 33.50 | 20.80 | 21.30 | 100.00 |
| 年龄 | 6~14岁 | 计数 | 8 | 2 | 2 | 6 | 18 |
| | | 百分比（%） | 44.40 | 11.10 | 11.10 | 33.30 | 100.00 |
| | 15~24岁 | 计数 | 205 | 235 | 144 | 176 | 761 |
| | | 百分比（%） | 27.00 | 30.90 | 19.00 | 23.10 | 100.00 |
| | 25~35岁 | 计数 | 264 | 444 | 319 | 340 | 1368 |
| | | 百分比（%） | 19.30 | 32.50 | 23.30 | 24.90 | 100.00 |
| | 36~45岁 | 计数 | 99 | 112 | 91 | 93 | 395 |
| | | 百分比（%） | 25.10 | 28.40 | 23.00 | 23.50 | 100.00 |
| | 46~60岁 | 计数 | 32 | 29 | 33 | 34 | 129 |
| | | 百分比（%） | 25.00 | 22.70 | 25.80 | 26.60 | 100.00 |
| | 60以上 | 计数 | 0 | 4 | 3 | 0 | 7 |
| | | 百分比（%） | 0.00 | 57.10 | 42.90 | 0.00 | 100.00 |

附表 4　聚类结果特征分析表

续表

| 人口特征 | 特征表现 | 聚类结果 | 第1类 | 第2类 | 第3类 | 第4类 | 合计 |
|---|---|---|---|---|---|---|---|
| 婚姻状况 | 单身（未婚） | 计数 | 314 | 376 | 275 | 296 | 1261 |
| | | 百分比（%） | 24.90 | 29.80 | 21.80 | 23.50 | 100.00 |
| | 单身（离/丧） | 计数 | 14 | 17 | 17 | 10 | 59 |
| | | 百分比（%） | 24.10 | 29.30 | 29.30 | 17.20 | 100.00 |
| | 已婚无小孩 | 计数 | 59 | 86 | 51 | 55 | 250 |
| | | 百分比（%） | 23.50 | 34.40 | 20.20 | 21.90 | 100.00 |
| | 已婚有小孩 | 计数 | 221 | 349 | 251 | 289 | 1109 |
| | | 百分比（%） | 19.90 | 31.40 | 22.60 | 26.00 | 100.00 |
| 家庭结构 | 单亲家庭 | 计数 | 66 | 69 | 59 | 62 | 255 |
| | | 百分比（%） | 25.80 | 27.00 | 23.00 | 24.20 | 100.00 |
| | 双亲家庭 | 计数 | 542 | 759 | 534 | 588 | 2423 |
| | | 百分比（%） | 22.40 | 31.30 | 22.10 | 24.30 | 100.00 |
| 性别 | 男 | 计数 | 352 | 460 | 317 | 294 | 1422 |
| | | 百分比（%） | 24.70 | 32.30 | 22.30 | 20.70 | 100.00 |
| | 女 | 计数 | 257 | 368 | 276 | 356 | 1256 |
| | | 百分比（%） | 20.40 | 29.30 | 22.00 | 28.30 | 100.00 |
| 学历 | 初中及以下 | 计数 | 12 | 32 | 17 | 11 | 73 |
| | | 百分比（%） | 16.70 | 44.40 | 23.60 | 15.30 | 100.00 |
| | 高中 | 计数 | 120 | 115 | 62 | 80 | 377 |
| | | 百分比（%） | 31.90 | 30.60 | 16.40 | 21.20 | 100.00 |
| | 大专 | 计数 | 163 | 246 | 182 | 209 | 800 |
| | | 百分比（%） | 20.30 | 30.80 | 22.70 | 26.10 | 100.00 |
| | 大学 | 计数 | 282 | 395 | 283 | 305 | 1265 |
| | | 百分比（%） | 22.30 | 31.20 | 22.40 | 24.10 | 100.00 |
| | 研究生 | 计数 | 31 | 38 | 49 | 44 | 164 |
| | | 百分比（%） | 19.10 | 23.50 | 30.20 | 27.20 | 100.00 |

续表

| 人口特征 | 特征表现 | 聚类结果 | 第1类 | 第2类 | 第3类 | 第4类 | 合计 |
|---|---|---|---|---|---|---|---|
| 网龄 | 1年以下 | 计数 | 1 | 0 | 0 | 3 | 4 |
| | | 百分比（%） | 25.00 | 0.00 | 0.00 | 75.00 | 100.00 |
| | 2~5年 | 计数 | 190 | 186 | 124 | 138 | 638 |
| | | 百分比（%） | 29.70 | 29.10 | 19.50 | 21.70 | 100.00 |
| | 6~10年 | 计数 | 275 | 436 | 289 | 330 | 1330 |
| | | 百分比（%） | 20.70 | 32.80 | 21.70 | 24.80 | 100.00 |
| | 10年以上 | 计数 | 142 | 205 | 180 | 178 | 705 |
| | | 百分比（%） | 20.20 | 29.10 | 25.50 | 25.20 | 100.00 |
| 职业 | 小学、初高中 | 计数 | 31 | 26 | 5 | 13 | 76 |
| | | 百分比（%） | 41.30 | 34.70 | 6.70 | 17.30 | 100.00 |
| | 大学生 | 计数 | 33 | 29 | 14 | 31 | 108 |
| | | 百分比（%） | 30.80 | 27.10 | 13.10 | 29.00 | 100.00 |
| | 公务员 | 计数 | 42 | 77 | 44 | 43 | 207 |
| | | 百分比（%） | 20.50 | 37.10 | 21.50 | 21.00 | 100.00 |
| | 企事业单位 | 计数 | 324 | 474 | 382 | 376 | 1556 |
| | | 百分比（%） | 20.80 | 30.50 | 24.50 | 24.20 | 100.00 |
| | 农民 | 计数 | 2 | 2 | 0 | 1 | 5 |
| | | 百分比（%） | 40.00 | 40.00 | 0.00 | 20.00 | 100.00 |
| | 自由职业 | 计数 | 81 | 109 | 73 | 80 | 342 |
| | | 百分比（%） | 23.60 | 31.90 | 21.20 | 23.30 | 100.00 |
| | 无业/下岗 | 计数 | 20 | 8 | 5 | 17 | 51 |
| | | 百分比（%） | 40.00 | 16.00 | 10.00 | 34.00 | 100.00 |
| | 其他 | 计数 | 74 | 102 | 70 | 88 | 333 |
| | | 百分比（%） | 22.10 | 30.60 | 20.90 | 26.40 | 100.00 |

附表 4　聚类结果特征分析表

续表

| 人口特征 | 特征表现 | 聚类结果 | 第1类 | 第2类 | 第3类 | 第4类 | 合计 |
|---|---|---|---|---|---|---|---|
| 区域 | 东部 | 计数 | 201 | 299 | 230 | 269 | 999 |
| | | 百分比（%） | 20.10 | 29.90 | 23.10 | 26.90 | 100.00 |
| | 中部 | 计数 | 173 | 253 | 175 | 179 | 779 |
| | | 百分比（%） | 22.20 | 32.40 | 22.40 | 23.00 | 100.00 |
| | 西部 | 计数 | 234 | 276 | 188 | 202 | 900 |
| | | 百分比（%） | 26.00 | 30.60 | 20.90 | 22.40 | 100.00 |
| 频率 | 非常低 | 计数 | 43 | 13 | 18 | 18 | 93 |
| | | 百分比（%） | 46.70 | 14.10 | 19.60 | 19.60 | 100.00 |
| | 较低 | 计数 | 246 | 278 | 176 | 177 | 877 |
| | | 百分比（%） | 28.10 | 31.70 | 20.00 | 20.20 | 100.00 |
| | 一般 | 计数 | 122 | 176 | 142 | 128 | 569 |
| | | 百分比（%） | 21.50 | 30.90 | 25.00 | 22.60 | 100.00 |
| | 较高 | 计数 | 48 | 100 | 63 | 70 | 281 |
| | | 百分比（%） | 17.30 | 35.60 | 22.30 | 24.80 | 100.00 |
| | 非常高 | 计数 | 147 | 261 | 194 | 257 | 859 |
| | | 百分比（%） | 17.20 | 30.40 | 22.60 | 29.90 | 100.00 |
| 时间 | 非常短 | 计数 | 39 | 15 | 13 | 17 | 85 |
| | | 百分比（%） | 46.40 | 17.90 | 15.50 | 20.20 | 100.00 |
| | 较短 | 计数 | 325 | 346 | 340 | 316 | 1328 |
| | | 百分比（%） | 24.50 | 26.10 | 25.60 | 23.80 | 100.00 |
| | 一般 | 计数 | 143 | 250 | 143 | 201 | 737 |
| | | 百分比（%） | 19.50 | 33.80 | 19.50 | 27.30 | 100.00 |
| | 较长 | 计数 | 42 | 109 | 46 | 56 | 254 |
| | | 百分比（%） | 16.70 | 43.00 | 18.30 | 21.90 | 100.00 |
| | 非常长 | 计数 | 58 | 107 | 49 | 60 | 274 |
| | | 百分比（%） | 21.00 | 39.10 | 18.10 | 21.80 | 100.00 |

续表

| 人口特征 | 特征表现 | 聚类结果 | 第1类 | 第2类 | 第3类 | 第4类 | 合计 |
|---|---|---|---|---|---|---|---|
| 比例 | 非常低 | 计数 | 37 | 19 | 10 | 12 | 79 |
| | | 百分比（%） | 56.10 | 19.30 | 12.30 | 12.30 | 100.00 |
| | 较低 | 计数 | 274 | 266 | 293 | 251 | 1083 |
| | | 百分比（%） | 25.30 | 24.50 | 27.10 | 23.10 | 100.00 |
| | 一般 | 计数 | 190 | 308 | 190 | 255 | 943 |
| | | 百分比（%） | 20.20 | 32.70 | 20.20 | 27.00 | 100.00 |
| | 较高 | 计数 | 66 | 139 | 69 | 78 | 352 |
| | | 百分比（%） | 18.70 | 39.70 | 19.50 | 22.10 | 100.00 |
| | 非常高 | 计数 | 41 | 95 | 31 | 55 | 222 |
| | | 百分比（%） | 18.60 | 42.70 | 14.10 | 24.50 | 100.00 |

# 后　　记

本书是在国家社科基金项目"我国消费者网络粘性行为评价及干预机制研究"（10BGL099）研究报告的基础上修改完成。从课题批准、下达直至完成，在两年多时间里，经过无数次的讨论甚至争论，最终在课题组全体成员的倾力合作和努力下完成了课题任务。回顾两年多的研究历程，我们感谢西安邮电大学及经济与管理学院给予的大力支持，感谢给予过我们帮助的经济与管理学院张鸿院长、张利副院长、杨珣副院长，感谢在课题研究过程中李刚博士、任少军博士、王红亮博士等同事给予的无私帮助，同时，对于各执笔人员的辛勤劳动和付出也一并表示感谢。

本书由薛君和赵青制定写作大纲，其中第一章、第二章和第九章为薛君教授执笔完成，第三章、第四章和第五章由赵青博士执笔完成，其余各章由赵青博士、薛君教授、邢岗副教授、唐家琳副教授携研究生刘赵丹、骆迪、赵梦光、陈俊良共同执笔完成，最终由薛君统审定稿。

由于本书篇幅和研究者水平有限，不足之处在所难免，恳请专家学者和各位读者谅解并不吝赐教。

课题组全体成员

2014．1